BEROZGAR KI AAKHIRI RAAT

DAVINDER
SINGH GULERIA

authorHOUSE®

AuthorHouse™ UK Ltd.
1663 Liberty Drive
Bloomington, IN 47403 USA
www.authorhouse.co.uk
Phone: 0800.197.4150

Published by AuthorHouse 07/18/2014

ISBN: 978-1-4969-8719-8 (sc)
ISBN: 978-1-4969-8720-4 (e)

बेरोजगार की आखिरी रात

दो शब्द

बेरोजगार की आखिरी रात नाम का यह प्रयास हमारी प्रशासनिक व्यवस्था पर सवाल है। प्रश्न है उस तंत्र पर जिसे हमने आजादी के बाद अपनाया था। आज रास्ते बंद हैं। युवावर्ग हताश है। मानसिक रोग बढ़ रहा है। और हम सो रहे हैं। यह जीता जागता उदाहरण है एक युवक के जीवन भर के संघर्ष का। किस तरह से विपरीत परिस्थितियों में वह पला-बढ़ा, पढ़ाई की। सदाचारी रहा। ईमानदारी, पवित्रता, सच्चाई, निष्पक्षता और अहिंसा का समर्थक रहा। देवी-देवताओं को हमेशा पूजनीय माना। अच्छे नेताओं के साथ भी रहा। एक समय दीन-दुखियों का सहारा बनने की सोच लेकर चलने वाले युवक ने इतनी मेहनत की कि कभी पीछे नहीं देखा। जो उसके हाथ में था, उसने जी-जान से किया। पर दूसरों के हाथ हमेशा उसके लिए तंग रहे। शाहिद नाम के इस युवक को अतिविश्वास था कि वह जीत जाएगा। उसे भरोसा था कि वह एक दिन आदर्शवादी व्यक्ति बनकर समाज के पीड़ित वर्ग का सहारा बनेगा। पर यह सब झूठ निकला। उसका सारा भ्रम टूट गया।

वह बहुत आगे निकल गया था। जब पीछे मुड़कर देखा तो उसके साथ कोई नहीं था। समाज उसका मजाक उड़ा रहा था।

देवी-देवता और झूठे आदर्श दूर-दूर तक नहीं दिख रहे थे। आज उसका अपना अस्तित्व संकट में था। जीवन के तीस साल से ज्यादा जी चुका था वह। दो-तीन वर्ष और संघर्ष किया। पर कोई सफलता नहीं मिली। मरता क्या न करता। जिसने जन्म लिया है, उसे कर्म तो करना है। करने को कुछ नहीं है तो वह पांच-सात साल सोच-सोचकर मानसिक रोगी बनेगा। फिर एक दिन आएगा। वह हत्या करेगा या आत्महत्या। चूंकि शाहिद ने बहुत सहा था। इसलिए उसने हत्या की बजाय आत्महत्या करना ज्यादा ठीक समझा। न जाने कितने ऐसे युवक असमय जान दे रहे हैं। पर अफसोस की बात है कि सरकार के टुकड़ों पर पलने वाली एजेंसियां इनका कारण प्रेम प्रसंग की असफलता बता रही हैं। आज भारत के कई राज्यों और भारत के बाहर हथियारबंद संगठन खड़े हो रहे हैं। इनके पीछे यही बड़ी वजह है। पर कोई मानने को तैयार नहीं। हम अपने-आप को विश्व का सबसे बड़ा लोकतंत्र होने का ड्रामा करते हैं। कई साल से यह चल रहा है। देश की ८० करोड़ से ज्यादा आबादी आज भी २० रुपए प्रतिदिन की आय पर गुजारा कर रही है। भारत आजाद हुआ है नेताओं, अफसरों और ठेकेदारों के लिए। यानी २० से ३० प्रतिशत लोगों के लिए। शेष जन आज भी गुलाम हैं। पहले अंग्रेजों के अधीन थे, अब गरीबी ने जकड़ रखा है। इस पुस्तक में शाहिद एक रात तय कर खुदकुशी कर लेता है। वह जीवन भर की खाई

ठोकरों को सारी रात लिखता रहता है। एक बड़ा सुसाइड नोट बन जाता है। यह सुसाइड नोट ही बेरोजगार की आखिरी रात है।

सीखना है तो अमेरिका से सीखें। प्रशासन कैसे चलता है, वे सबसे अच्छी तरह जानते हैं। इसी कारण वे आज दुनिया के अगुवा हैं। सही माइनों में लीडर हैं। मैं अपने देश में छात्र जीवन से लेकर करीब आधा दर्जन नेताओं के संपर्क में रहा। कई को पत्र लिखे। अपनी पांडुलिपियां भेजीं। मेरी अपेक्षाओं पर खरा उतरना तो दूर किसी ने जवाब तक नहीं दिया। सिवाय पूर्व प्रधानमंत्री स्वर्गीय विश्वनाथ प्रताप सिंह के। दुनिया में बदतर हो चुके हालातों को कैसे सामान्य बनाया जा सकता है, इस सिलसिले में मैंने २२ सुझाव अमेरिकी राष्ट्रपति कार्यालय व्हाइट हाउस को भेजे थे। बात फरवरी २०११ की है। चार दिन बाद मुझे व्हाइट हाउस से मेल आया, जिसकी मुझे कतई अपेक्षा नहीं थी। अमेरिका की आर्थिक सलाहकार परिषद के चेयरमैन आस्टन गूलसबी ने मेल में लिखा था कि आपके भेजे सुझावों पर राष्ट्रपति बराक ओबामा के साथ अमेरिका के क्लीवलैंड, ओहियो में विस्तृत चर्चा हुई है। और व्हाइट हाउस के एडवाइज द एडवाइजर कार्यक्रम में आपके कुछ सुझाव शामिल किए गए हैं। यह मेरे लिए एक नया अनुभव था। मैं अपने विधायक या मंत्री को नमस्ते करता हूं तो उनके जवाब की उम्मीद नहीं करता। क्योंकि वे आम जनता को कीड़ा-मकौड़ा

समझते हैं। व्हाइट हाउस का मेरे विचारों पर गौर करना मेरे जीवन की मानसिक रूप से बड़ी उपलब्धि है। हमारे समाज के लिए हो न हो। सिलसिला यहीं नहीं रुका। इसके बाद अमेरिकी राष्ट्रपति बराक ओबामा, उनकी धर्मपत्नी मिशेल ओबामा, अमेरिका के उपराष्ट्रपति जाय बिडेन, उनकी धर्मपत्नी डा. जिल बिडेन सहित व्हाइट हाउस के करीब दर्जन भर बड़े अधिकारियों ने मुझे मेल किए। अब भी करते हैं। उन्होंने समय-समय पर कई महत्वपूर्ण विषयों पर मेरी राय मांगी। इनमें आव्रजन नीति, शिक्षा प्रणाली, विदेशी तेल पर निर्भरता कम करना और सृजनात्मक कार्यों में आ रही बाधाओं पर सुझाव देना आदि प्रमुख हैं। कुछ भी हो। यदि सही माइनों में लोकतंत्र बनना है तो अमेरिकियों से सीखना होगा। युवाओं के लिए अच्छे अवसर पैदा करने होंगे। अन्यथा देश में अशांति बढ़ेगी। इसको हम गोली से नहीं रोक पाएंगे।

– दविंद्र सिंह गुलेरिया

शाहिद आत्महत्या को मजबूर

एक ईमानदार छवि वाला शाहिद आत्महत्या को विवश हो गया था। इसके पीछे एक नहीं कई कारण थे। उसने इससे बचने के लिए कई प्रयास किए, पर जो दूसरों के हाथ में था, वहां वह मार खा गया। बेशक शाहिद जान देने जा रहा था पर उसे खुद से कोई शिकायत नहीं थी। कारण साफ था। उसने अपनी तरफ से कोई कमी नहीं रखी थी। बचपन से लेकर हर काम लगन से किया। किसी का बुरा नहीं किया। किसी को गाली नहीं दी। कभी किसी के खिलाफ षड्यंत्र नहीं रचा। अपने मन को हमेशा पवित्र रखा। जिन्होंने शाहिद का बुरा किया, उनका भी भला ही चाहा। पता नहीं क्यों? आत्महत्या करने से पहले उसने देवताओं को अपने प्राण आफर किए। पर यहां भी उसके हाथ में कुछ नहीं लगा।

उसको कभी पैसे से प्यार नहीं रहा। बचपन से भगवान के प्रति अथाह श्रद्धा रही। इसी कारण शाहिद को पैसे की बजाय मन की शांति भाती थी। कभी-कभी जब उसे घर में पैसे की कमी महसूस होती तो वह अपना ध्यान भंगकर और मन की शांति की बजाय क्रोध कर पैसे की ओर भागने की कोशिश करता। पर उसकी अंतरात्मा उसे कभी इसकी अनुमति नहीं देती। ऐसे में वह बुरी तरह से विचलित हो उठता। वह उस भगवान से शिकायत करता, जिसको उसने

कभी देखा नहीं था। वह अपने आप से शिकायत करता कि यह सब क्या हो रहा है? उसके मन में अनायास ही सवाल उठता कि भगवान को किसी ने देखा नहीं तो मैं क्यों भ्रम में जीता रहा? यदि १४ साल के संघर्ष के बाद भी उसके जीवन में मुसीबतें ही रखी थीं तो यह ईमानदारी क्यों? उसे लगता कि यदि मुझे फिर से यह जीवन जीना पड़े तो बहुत अच्छे तरीके से जीऊंगा। बहुत अनुभव हो गया था। भगवान का, देवताओं का, आदमियों का और ग्रहों की चाल का भी। शाहिद का मन उसके वश से भागता तो उसे ऐसे लगता कि मुझे ऐसा मन ही नहीं चाहिए जो मेरी जरूरत के अनुसार नहीं चल रहा था।

शाहिद इतने लंबे संघर्ष के बाद भी खाली हाथ था, पर हारा नहीं। वह इसके लिए भी तैयार था कि यदि उसे इतना ही लंबा संघर्ष फिर करना पड़ा तो वह मानसिक रूप से मजबूत था। पर अफसोस की बात यह थी कि समाज ने उसे हारा हुआ मान लिया था। उस समाज ने, जिसका अपना कोई चरित्र नहीं था। शाहिद जब बचपन और छात्र जीवन के बारे में सोचता तो उसका सिर गर्व से ऊंचा हो जाता, जैसे उसे कुछ क्षण के लिए भारी राहत मिलती। खेल हो, कला का क्षेत्र हो या पढ़ाई हो। वह हर फील्ड में आगे रहा था। पर आज वह उस दोराहे पर खड़ा था, जहां उसे सिवाय अंधेरे के कुछ भी नजर नहीं आ रहा था। उसे आज भी याद है उसका एक दसवीं का सहपाठी

जो वार्षिक परीक्षा पास नहीं कर पाया था। उसकी कंपार्टमेंट आई थी गणित में। बड़ी मुश्किल से उसने कंपार्टमेंट तोड़ी थी। जैसे-तैसे जमा दो पास करने केबाद उसने थर्ड डिवीजन में बीए पास की थी। उसकेबाद एमए में भी उसका वही हाल रहा था। आज वही उसका दोस्त शिक्षक की सरकारी नौकरी कर रहा था। शाहिद को भूला नहीं था उसका दूसरा साथी जो जमा दो में फेल हो गया था। बड़ी मुश्किल से बीए करने के बाद वह भी जैसे-तैसे जुगाड़ कर मास्टर बन गया था। शाहिद ने प्रथम श्रेणी में मैट्रिक, प्रथम श्रेणी में जमा दो और प्रथम श्रेणी में ही बीए पास की थी। आज प्रथम श्रेणी में बीए करने वाला शाहिद बेरोजगार था, समाज की नजरों में फेल था।

शाहिद ने कई बार यह भी तय कर लिया कि वह सरकारी नौकरी के पीछे नहीं भागेगा, मनरेगा में दिहाड़ी लगाकर अपना जीवन गुजार देगा। पर वह ऐसा कर नहीं पाया। जो उसके सहपाठी शाहिद के आगे कहीं नहीं टिकते थे, आज अच्छे-अच्छे ओहदों पर पहुंच गए थे। कल को जब शाहिद सड़क पर मनरेगा में काम कर रहा होगा और उसके डफर दोस्त की गाड़ी धूल उड़ाती हुई उसके पास से गुजरेगी तो वह उस क्षण कैसे जीएगा। वह अपने दोस्तों से आंख से आंख मिलाकर कैसे बात कर पाएगा। कल को शाहिद के बच्चे सरकारी स्कूल में पढ़ेंगे, जिसका मास्टर कभी समय पर नहीं आता। उसे अपने बचपन के बुरे दिन याद आ जाते।

क्या सोचा था, क्या हो गया। वह नहीं चाहता था कि जिस तरह बुरे दिनों ने उसके जीवन को अंधेरे में रखा, उसके बच्चे भी वैसा ही नरक भोगें। शाहिद नहीं चाहता था कि उस पर बोझ बन गए आदर्श उसके परिवार पर भी भारी पड़ें।

शाहिद अपने कुल तथा ग्राम देवताओं के प्रति भी बचपन से ही निष्ठावान रहा। जब भी सवेरे उठता, कम से कम १५ मिनट तक बिस्तर पर बैठकर सबके नाम लेता। कहीं बाजार जाना होता तो बस के समय के लिहाज से पूरे समय की सेटिंग कर लेता। इसमें आधा घंटा पूजा-पाठ के लिए रखता। कोई भी नया काम शुरू करने से पहले भगवान का नाम लेता। काम खत्म होने के बाद भी उसी रूटीन को दोहराता। देवी-देवताओं ने उसका दैनिक जीवन में बहुत साथ दिया, पर एक अच्छा जीवन जीने के लिए उसकी कोई मदद नहीं की। संकेत दिए भी तो वे पूरे नहीं हुए। सपने में हर दूसरे-चौथे दिन उसे कोई न कोई देवता दिखता। जो उसके बुरे सपने थे, वे पूरे हो जाते। अच्छा सपना कोई साकार नहीं हुआ। उसे यही शिकायत देवताओं से थी कि ऐसा क्यों हो रहा है ?

अपनी हैसियत के अनुसार वह कई अच्छे नेताओं के संपर्क में भी रहा। उनका सहयोग लेने की पूरी कोशिश की, पर परिणाम शून्य रहा। हर नेता में उसने ईर्ष्या-द्वेष की भावना पाई। किसी में भी उसे यह नहीं लगा कि वह निस्वार्थ मदद कर रहा है। हर किसी में उसने

यही पाया कि कोई उसकी मदद करने को राजी नहीं था। बस मात्र झूठे आश्वासन ही मिल रहे थे। शाहिद ने कभी हार नहीं मानी थी, पर उसके परिवार वाले उसे समाज की तरह चूका हुआ मान चुके थे। शाहिद अब परिवार पर और बोझ नहीं बनना चाहता था। आज तक वह इतना लंबा संघर्ष कर पाया था तो उसके पीछे एक कारण था ईमानदारी और निष्पक्षता से काम करना। पर अब आस खत्म हो रही थी। उसका छोटा भाई भी एक निजी उद्योग में शोषण का शिकार हो रहा था। और तो और उसके छोटे भाई की शादी में भी देर हो रही थी। समाज के ठेकेदारों ने तरह-तरह की बातें करनी शुरू कर दी थीं। शाहिद आज पीछे मुड़कर देखता तो उसके साथ भगवान, देवी-देवता, नेता, समाज, यार-दोस्त और घर परिवार कोई नहीं था। यही कारण था कि शाहिद ने इस दुनिया को छोड़ने का निर्णय ले लिया था।

सम्मानजनक आत्महत्या करने की इच्छा

इस दुनियादारी से दुखी होकर लाखों-करोड़ों लोग छुटकारा चाहते हैं। वे इस मतलबी संसार को छोडना चाहते हैं, पर जान इतनी आसानी से नहीं निकलती। लाखों-करोड़ों में से बहुत कम प्रतिशत लोग जान देने की हिम्मत जुटा पाते हैं। बेशक कोई कितना भी दुखी क्यों न हो, पर उसकी यह सोच हमेशा रहती है कि मरने के बाद कोई उसे यह न कहे कि वह बुझदिल था... इसलिए जान दे दी। उसे अपने परिवार की मान-प्रतिष्ठा का पूरा ध्यान रहता है... वह यह भी बराबर सोचता है कि उस पर जो निर्भर हैं, उनका क्या होगा? ...वगैरा...वगैरा...।

शाहिद इसलिए नहीं मर रहा था कि उसका प्रेम प्रसंग फेल हो गया था। आज तो वह इसलिए पछता रहा था कि उसने यदि कालेज में पढ़ाई के दौरान दूसरी जाति की लड़की जो उसे कई बार अपना प्यार का आफर दे चुकी थी, उस समय उसका साथ पकड़ लिया होता तो शायद आज कुछ राहत महसूस कर रहा होता। पर असूलों से समझौता न करने की अपनी जिद के चलते आज वह पूरी तरह से खाली था।

मरने के लिए तरह-तरह के तरीके अपनाए जाते हैं। शाहिद तय

कर चुका था कि वह खुदकुशी कर लेगा। पर कैसे करेगा इसको लेकर उसके मन में बराबर द्वंद्व चल रहा था। वह फंदा लगाकर मरना नहीं चाहता था। फंदे से लटकने के बाद तो यह संदेश जाता कि देखो इसने तो सीधे-सीधे खुदकुशी कर ली। उसके घर वालों के पास कोई मौका नहीं रहता उसकी मौत को संदिग्ध बताने का। इसलिए उसने फंदा लगाकर जाने देने का विचार बिल्कुल रिजेक्ट कर दिया। मरने के लिए दूसरा तरीका था सल्फास या दूसरी कोई जहरीली चीज खाकर। पर सल्फास तो बहुत जहरीली होती है। घर में अनाज के बीच डालने के लिए उसके पिता जी ने एक डिब्बी रखी थी। जब एक बार कपड़े में बांधकर उसके पिता ने एक गोली गेहूं की टांची में डाली थी तो घर के कई लोगों के सिर में दर्द हो गया था। उसकी स्मैल इतनी जहरीली थी तो मुंह में डालना जैसे उसे एवरेस्ट पर चढ■ के समान दिख रहा था। शाहिद को सल्फास खाकर मरना संभव नहीं दिख रहा था। वैसे भी उसके साथ लगते गांव के एक बेरोजगार ने सल्फास खाई थी तो थोड़ी देर उसके पेट में रहने के बाद उल्टी हो गई थी। दो-तीन दिन अस्पताल में रहने के बाद वह युवक ठीक तो हो गया था, पर उसका रंग काला पड़ गया था और उसकी आंखों की रोशनी भी कम हो गई थी। उसके बाद लोगों ने उसका नाम प्वॉइजन टेकर रख दिया था। ऐसी जिंदगी शाहिद नहीं जीना चाहता था। छोटा-मोटा जहर खाकर जान देने की

सोच भी शाहिद ने रद कर दी थी। क्योंकि इससे यही रिस्क था कि अस्पताल में जाकर कहीं बच गया तो उससे जिंदगी और भी नरक हो जानी थी।

वैसे भी इतना अच्छा करके अब शाहिद को जान देने की योजना सोचनी पड़ रही थी, इससे वह बहुत परेशान था। एक बार उसके दिमाग में आया कि क्यों न शराब में मिलाकर कोई जहर पी लूं। पर इसमें भी यह दिक्कत थी कि यदि थोड़ा असर होने के बाद उल्टी हो गई तो क्या होगा? शराब पीकर जान देने का तरीका उसे इसलिए आसान लग रहा था कि थोड़ा-सा पीने के बाद जब असर हो जाएगा उसे कम होश रहेगा, ऐसे में उसे जहर निगलना आसान हो जाना था। उसने कई बार सोचा कि शराब की कड़वाहट कम करने के लिए उसमें किसी ठंडे का आधा गिलास मिला लिया जाए तो काम थोड़ा आसान हो जाएगा। पर इस तरह से जान देने में उसे यही बात बुरी लग रही थी कि आज तक शराब नहीं पी थी और मरने से पहले शराब पीने का दाग वह अपने चरित्र पर नहीं लगाना चाहता था। ऐसे ही विचारों का संघर्ष कई महीने तक चलता रहा। आखिरकार उसने जान देने के लिए यह तरीका भी भारी मन से छोड़ने का फैसला ले लिया।

एक बार शाहिद ने सोचा कि क्यों न किसी ट्रेन की पटरी के आगे लेटकर कट जाऊं? पर उसके लिए यह परेशानी थी कि बड़ा

ट्रैक चाहिए था। छोटे ट्रैक पर ट्रेन की स्पीड वैसे भी कम होती है और इस तरह की लाइन पर दिन में ही ट्रेनें चलती हैं। दिन में ट्रैक पर लेटे हुआ उसे यदि ट्रेन चालक ने देख लिया और गाड़ी रोककर उसका मजाक बनाया गया तो उस पल वह कैसे जी पाएगा? ट्रेन के सैकड़ों यात्रियों के सामने होने वाली बेइज्जती और उसके बाद पुलिस कार्रवाई का वह कैसे सामना कर पाएगा? ट्रेन में यदि उसका कोई जानने वाला निकल आया तो वह अपना मुंह कैसे दिखाएगा? क्योंकि वह तो पहले ही टूट चुका था। वह परिवार को किसी भी फालतू की टेंशन में नहीं डालना चाहता था। यदि बड़ी पटरी पर जान देने के लिए वह किसी बाहरी प्रदेश में निकल जाए और आत्महत्या कर भी ले तो लोग हंसेंगे कि देखो मरने के लिए दिल्ली गया, नौकरी के लिए नहीं। इसलिए उसने ट्रेन पर मरने का विचार भी एक तरह से छोड़ दिया।

जान देने के लिए एक और विचार शाहिद के मन में आया नस काटने का। पर इस तरीके में भी उसे बड़ा लफड़ा लगा। क्योंकि नस काटकर मरने के बहुत से केस फेल हो चुके थे। और उसे यह भी पता नहीं था कि कौन सी नस काटनी होती है। शाहिद ने कई बार पेट में छुरा घोंपकर भी जान देने की सोची। पर इसमें भी यही खतरा था कि छुरा कहीं आगे-पीछे चला गया और उसके कलेजे या किसी नाजुक अंग को नहीं काट पाया तो फिर उलटे लेने के देने

पड़ जाएंगे। अस्पताल में लाखों रुपए खर्च होंगे, जो उसका परिवार कहां से लाएगा। कई बार उसने किसी डाक्टर से भी इस मामले में सलाह लेने की सोची पर लोक-लाज के चलते वह ऐसा नहीं कर पाया।

शाहिद यह तय नहीं कर पा रहा था कि वह इस नश्वर दुनिया को अलविदा कैसे कहे? एक दिन उसके मन में विचार आया कि किसी नहीं में डूबकर जान देना ज्यादा बेहतर रहेगा। और अगर किसी बाढ़ आई नदी में छलांग लगाएगा तो सोने पर सुहागे जैसी बात हो जाएगी। पर इस तरह से जान देने में भी उसके सामने यह समस्या आ रही थी कि यदि थोड़ी देर बहने के बाद उसे लोगों ने देख लिया और बच गया तो फिर वही सवाल उठेंगे कि छलांग क्यों लगाई? एक तरह से उसके ऊपर फिर से आत्महत्या का इल्जाम लगेगा और अस्पताल में घर वालों को होने वाली परेशानी तथा खर्च अलग। पुलिस के चक्कर लगाने पड़ेंगे खुदकुशी के प्रयास करने में। कहीं अंगविहीन हो गया तो और संकट। यदि यह बता देता कि हादसे से गिर गया था तो आज तक क्यों नहीं गिरा किसी नदी में? जान देने का यह फंडा भी उसके गले नहीं उतर रहा था।

एक दिन उसने समाचार पढ़ा कि सतलुज नदी में एक कार गिर गई और उसमें सवार सभी चार लोगों की मौत हो गई। शाहिद को मरने का यह तरीका आज तक सोच गए सभी में से अच्छा लगा।

वह यह प्लान करने लगा कि किस तरह से नदी में गाड़ी फेंके। क्योंकि सतलुज में गाडियां गिरने के पहले भी कई हादसे हो चुके थे। यदि उसके साथ भी ऐसी ही दुर्घटना हो जाए तो लोग चाहकर भी उसकी मौत पर सवाल नहीं उठा पाएंगे। इस तरह से मरना उसे एक सम्माननीय मौत लगा। पर सबसे बड़ी दिक्कत गाड़ी की थी। किसकी गाड़ी में जाएगा सतलुज किनारे। ड्राइविंग उसे आती नहीं थी कि यदि किसी यार-दोस्त की गाड़ी ले जाता। वह कभी-कभार सोचता कि यदि उसे पता चल जाए कि फ्लां बस का हादसा हो जाना है तो वह उसमें सवार हो जाएगा और एक सम्मानजनक मौत मर जाएगा। वह अकसर अपने कुल देवी-देवताओं से मौत मांगता। यदि आप मेरी अच्छा जीवन जीने में मदद नहीं कर सकते तो कम से कम जाने देने में तो आशीर्वाद दो। पेट दर्द देकर ही, कोई हादसा करवाकर, सांप का डंक मरवाकर या हार्ट अटैक देकर ही जान ले लो। आपको दुनिया इस सृष्टि का पालनहार कहती है, कम से कम एक दुखी व्यक्ति को तो छुटकारा दिला दो। कई साल तक शाहिद देवताओं से मौत मांगता रहा, पर उसका हाथ इस बार भी खाली रहा।

अव्यवस्था से पीड़ित शाहिद जान देने के लिए मानसिक रूप से संघर्ष कर रहा था। बीच-बीच में वह आत्महत्या का विचार छोड़कर फिर से लड़ने की सोचता। पर उसके मन में यही डर पैदा

हो जाता कि मैं अपनी तरफ से तो पूरी ईमानदारी निभा दूंगा, जो परिणाम देना दूसरे के हाथ में है, उसे कैसे अंजाम तक पहुंचाया जा सके। रिजल्ट तो दूसरे लोगों ने ही तय करना था। अच्छा-बुरा कोई भी शख्स उसकी मदद को आगे आने को तैयार नहीं दिख रहा था। भगवान पर भी उसे शक हो गया था कि वह है भी या नहीं। इतने साल तक लड़ा, किसी चीज में कोई कमी नहीं रखी। ईमानदारी और निष्पक्षता के सहारे सिर उठाकर चलता रहा, पर एक प्रतिशत भी सफलता नहीं मिली। अब आगे भी इस चीज की क्या गारंटी थी कि अबकी बार कुछ हो ही जाएगा। वैसे भी आधी उम्र तो वह बिता ही चुका था। संघर्ष ही करता रहा तो बाकी सामाजिक जिम्मेदारियां कब पूरी करेगा? ले-देकर उसने तय किया कि इस दुनिया को छोड■ा ही बेहतर है। अपने आप से उसे कोई शिकायत नहीं थी, इस कारण उसे बड़ी संतुष्टि थी।

कभी-कभार वह यह भी सोचता कि अपने शरीर की एक या दोनों किडनियां बेचकर घर वालों की गरीबी दूर करेगा और इससे उसका शरीर भी धीरे-धीरे कमजोर हो जाएगा। इसमें उसे डबल फायदा दिख रहा था। एक तीर से दो निशाने करने वाली बात थी। उसने यह भी तय कर लिया कि किडनी के अलावा वह अपने शरीर के जरूरी अंग किसी करोड़पति जरूरतमंद को बेच देगा। वह डाक्टरों से अपने को इतना स्वस्थ करने लायक छोड़ेगा कि

घर पहुंचकर एक-दो महीने जी ले। इसके लिए शाहिद ने अंगों की तस्करी करने वाले गिरोह से संपर्क करने की कोशिश की। उसने कई माध्यम तलाशे। पर वह यहां पर भी सफल नहीं हो सका।

इस बार उसने तय किया कि खुद को गोली मारकर आत्महत्या करेगा। पर इसकेलिए बंदूक या रिवाल्वर चाहिए था। उसे पता चला कि साथ लगते शहर में बंदूक बनाने वाला देसी कट्टा बनाता है। एक दिन उसने बंदूक के कारीगर से संपर्क किया। कारीगर मुकर गया। बिना लाइसेंस से वह कट्टा बनाने को तैयार नहीं था। फिर शाहिद ने कट्टे का विचार छोड़कर बंदूक खरीदने का मन बनाया। उसने तय किया कि वह बंदूक खरीदकर जंगल जाएगा और कहीं फिसलन वाली जगर पर गिरकर अपने सिर पर गोली मार लेगा। इससे यह संदेश जाएगा कि उसने खुदकुशी नहीं की है, बल्कि गिरकर बंदूक चल पड़ी और उसके सिर पर गोली लग गई। समाज के लोग तथा पुलिस वाले यही मानेंगे कि यह एक हादसा था। इससे पहले ही वह दो एलआईसी पालिसी अपने नाम करवा लेगा ताकि उसके मरने के बाद घर वालों को दो-चार लाख रुपए मिल जाएंगे। इससे घर वालों के दिन भी थोड़े सुधर जाएंगे। बचपन से गरीबी देख से जूझ रहा उसका परिवार कुछ सिर उठाकर जी सकेगा। इस हादसे वाले दिन वह घर में आने-जाने वाली कमीज की जेब में १५-२० हजार रखा जाएगा, जो उसने मनरेगा से कमाए हैं। ताकि उसके दाह-संस्कार

में घर वालों को कई दिक्कत न आए।

बंदूक का लाइसेंस बनाने शाहिद थाने चला गया। मुंशी ने उसके साथ बड़ी बदतमीजी से बात की कि क्यों आए हो यहां? उसने लाइसेंस बनाने का आवेदन फार्म मुंशी को दिया। मुंशी ने आवेदन फार्म रख लिया। पर साथ ही कहा कि जाओ और २० कोरे कागज तथा दो फाइल कवर ले आओ। उसकी जेब में मात्र पचास रुपए थे। घर वालों ने एक किलो चीनी भी मंगवाई थी। वह सोच में पड़ गया कि पता नहीं कितने पैसे लगेंगे? घर वापसी के लिए बारह रुपए किराया भी लगना था। डरते-डरते वह बुक सेलर की दुकान पर गया। वहां उसे २० कोरे कागज तथा फाइल कवर २० रुपए में मिल गए। इससे उसे बड़ी राहत मिली कि बच गया। उसने कागज बड़ी खुशी से मुंशी को दे दिए। साथ ही यह पूछ लिया कि मेरा लाइसेंस तो बन जाएगा न। मुंशी ने कहा जाओ बिल्कुल बन जाएगा।

शाहिद खुशी-खुशी घर आ गया और एक किलो की बजाय आधा किलो चीनी भी ले आया। क्योंकि एक किलो चीनी के लिए उसके पास पैसे नहीं बचे थे। आज शाहिद कुछ हल्का महसूस कर रहा था कि चलो इस दुनियादारी से तो छुटकारा मिलेगा। पर शायद वह यह नहीं जानता था कि इस बार भी उसके भाग्य में हताशा ही लिखी थी। कई महीनों तक वह थाने के चक्कर लगाता रहा। उसका लाइसेंस बनना तो दूर। बाद में एक जान-पहचान के कांस्टेबल से

पता चला कि उसकी फाइल ही गुम हो गई थी। अंततः शाहिद ने जान देने का यह विचार भी छोड़ दिया। इस बार उसने सोचा कि नींद की गोलियां खाकर मरेगा। यह मौत बंदूक की गोली खाने से भी सस्ती, आसान और सम्मानजनक थी।

शाहिद ने अपने जीवन की अंतिम रात को नींद की गोलियों का पत्ता अपने पास रखा। और लिखना शुरू हो गया। उस रात को उसने बहुत लिखा। क्या बुरा हो रहा है? क्यों हो रहा है? हमारी लोकतांत्रिक व्यवस्थाएं कितनी कमजोर हैं? आम आदमी कितनी पीड़ा में है? उसने रिश्तों की खत्म होती अहमियत से शुरूआत की। उसके बाद बेरोजगारी, असफल तंत्र से लेकर जो भी उसके दिमाग में बड़ा विषय आया, उस पर खूब लिखा।

रिश्तों की पवित्रता को बनाए रखिए

खत्म हो रही रिश्तों की पवित्रता पर शाहिद ने सुसाइड नोट में यह लिखा-रिश्तों का महत्व कम होने पर शाहिद जीवन भर चिंतित रहा। उसने अपने सुसाइड नोट की शुरूआत इसी पर लिखने से की। शाहिद ने लिखा-खतरे में है रिश्तों की पवित्रता। बेटे केहाथों मां का कत्ल।घर में बुजुर्ग मां-बाप पर अत्याचार। दिनों-महीनों में शादियों का टूटना। भाई-बहन जीवन साथी बन रहे हैं। अधेड़ व्यक्ति स्कूल जाती छात्राओं से छेडखानी कर रहे हैं।दफ्तरों में काम करती महिलाओं पर अफसरों की बुरी नजर है। गुरु-शिष्या का रिश्ता सुरक्षित नहीं रहा। शादीशुदा इधर-उधर मुंह मारकर समाज में विकृतियां पैदा कर रहे हैं। यहां तक कि बाप-बेटी और ससुर-बहू के रिश्ते पर भी आधुनिकता के छींटे पड़े हैं। अविश्वास बढ़ रहा है।

उसने हिमाचल की कई सच्ची घटनाओं का जिक्र किया। चंबा में जमा दो पास एक युवक को कंपनी में नौकरी लगी तो परिवार वालों ने उसका घर बसाने की सोची।शादी हो गई।विवाह के चार-पांच माह तक सब ठीक रहा। एक दिन दुल्हन को याद आया कि मैं तो बीए पास हूं और मेरा पति प्लस टू। इसी वजह से संबंध में

दरार पड़ गई। दुल्हन मायके चली गई। तर्क देखिए। शिमला में एक अच्छे घर के लड़के ने आर्थिक रूप से कमजोर परिवार की लड़की ब्याही, ताकि संतुलन बना रहे। छह माह के अंदर यह बंधन भी टूट गया। बहुत समझाया। पर परिणाम सिफर रहा। आरोप है कि विवाहिता अपने पुराने दोस्तों को नहीं भुला पाई। छह माह तक साथ रहा पति उसे जीवन भर का साथ निभाने को नहीं मना पाया। आगे वही हो रहा है जो होता है। दोनों परिवार कोर्ट-कचहरियों में दिन खराब कर रहे हैं। कांगड़ा की घटना तो इनसे भी दो कदम आगे दिखती है। एक अच्छे सरकारी ओहदे पर कार्यरत युवक ने एमफिल प्लस शिक्षित लड़की को जीवन संगिनी बनाया। दो माह में ही इनका संबंध विच्छेद हो गया। लड़की का कहना है कि उसे लड़का पसंद नहीं है। यह क्या बात हुई? अब अंदर की बात कुछ और भी हो सकती है। शादी एक-दो दिन में नहीं हो जाती। लड़का-लड़की एक दूसरे को देखते हैं। उसकेबाद रिंग सेरेमनी। आगे भी कई कुछ। फिर हर दिन मोबाइल पर घंटों लटकेरहना। बावजूद इसके वे एक-दूसरे की पसंद-नापसंद न जान पाए तो उनकेमास्टर डिग्री प्लस पढ■ का कोई फायदा नहीं। समाज की नजरों में उनकी शैक्षणिक योग्यता ह्यशून्यइ है।

पालमपुर में खूंखार बहू का तांडव देखिए। डर के मारे पति घर से भाग गया तो बूढ़े सास-ससुर की पिटाई। समाज के सभ्य लोगों से

जब यह सहा न गया तो महिला मंडल ने पालमपुर थाना तक मामला पहुंचाया। कांगड़ा की ही एक अन्य घटना ने जैसे समाज का सिर शर्म से झुका दिया। यहां अपने ही कुल में युवक-युवती प्यार कर बैठे। दोनों रिश्ते में भाई-बहन लगते हैं। घर वालों ने समझा-बुझा कर दूर किया तो दोनों ने बिना किसी शर्म-हया के भागकर शादी रचा ली।

लगता है हम मां-बहनों और बहू-बेटियों का रिश्ता भूल रहे हैं। सिरमौर के राजगढ़ में ५० साल के एक व्यक्ति को स्कूल जाती छात्रा से छेड़छाड़ के आरोप में गिरफ्तार किया गया। यह चाचा पहले भी ऐसा कर चुके हैं। राह चलती छात्राओं और महिलाओं से छेड़छाड़ करना इनकी आदत सी बन गई है। क्या सनक है? शिलाई (सिरमौर) की १६ साल की लड़की से हरियाणा के साठ वर्ष के व्यक्ति ने नौकरी का झांसा देकर दुष्कर्म किया। सिरमौर के ही पूर्व सैनिक पर दो छात्राओं को नौकरी का झांसा देकर दुराचार का आरोप सिद्ध हुआ। उसे जिला सत्र एवं न्यायाधीश नाहन ने तीन वर्ष जेल और ८० हजार रुपए जुमार्ने की सजा सुनाई। सोलन केसलोगड़ा जनजातीय छात्रावास में बच्चियों से छेड़छाड़ का मामला तब सामने आया जब उमंग फाउंडेशन ने पुलिस के वरिष्ठ अधिकारी तक यह बात पहुंचाई। शिमला के टुटू स्थित मूक बधिर आश्रम में छात्राओं से छेडखानी की वारदात अब तक जहन में है। हमीरपुर में एक

५५ वर्षीय व्यक्ति ने मंदबुद्धि महिला से दुराचार किया। उक्त महिला शादीशुदा है। मानसिक स्थिति ठीक न होने के कारण मायकेमें रह रही है। पिछले दिनों सोलन में एक विक्षिप्त महिला ने सड़क पर बच्चे को जन्म दिया था। हो न हो उक्त महिला भी दुराचार की शिकार हुई होगी। माना कि बाजार में भीख मांगकर गुजर-बसर करने वाली महिला हमारी कुछ नहीं लगती। पर इनसानियत का रिश्ता तो बनता ही है।

कुछ समय पहले प्रदेश में एक बाप पर बेटी से दुष्कर्म का आरोप लगा था। साथ ही यह भी कहा गया था कि आरोपी नशे में था। हरियाणा में एक बाप को बेटी से दुराचार के आरोप में उम्र कैद की सजा सुनाई गई है। इसके साथ आरोपी को एक लाख जुमार्ना भी भरना होगा। अदालत ने फैसला सुनाते समय टिप्पणी की कि बीस साल तक दोषी किसी भी हाल में जेल से बाहर नहीं निकाला जा सकता। सजा के दौरान उसका व्यवहार सही पाया गया तो उसे बाहर निकालने के मामले में सोचा जा सकता है। पीड़ित लड़की की मां का निधन हो गया था। घर में अकेला पाकर बहशी बाप ने बेटी से जबरदस्ती की थी।

कार्यालयों में महिलाएं सुरक्षित नहीं हैं। महिला आयोग में ऐसे २० अफसरों की शिकायतें आई हैं, जो महिला कर्मियों को तंग करते हैं। चार निजी स्कूलों केप्रिंसिपल भी आरोपी हैं। हिमाचल प्रदेश की

सीआईडी ने साल २००९ में दुराचार के मामलों का अध्ययन किया है। कुल १८२ में से ११४ केस निकट संबंधियों के खिलाफ हैं। अपने करीबी लोग ही संबंधों को तार-तार कर रहे हैं।

हरियाणा में दुराचार के बाद लड़की की हत्या कर दी गई। मरने वाली लड़की नाबालिग थी। पुलिस ने गिरफ्तार आरोपी की शिनाख्त पर नायब तहसीलदार की मौजूदगी में लड़की का शव खेत से निकलवाया। शव बरामद कर पोस्टमार्टम के लिए अस्पताल भेजा। दुराचार के बाद आरोपी ने सबूत मिटाने के लिए लड़की का शव खेत में गड्ढा खोदकर दबा दिया था। आरोपी सरकारी कर्मचारी निकला। पुलिस के पूछताछ करने के बाद आरोपी ने सारी घटना बताई। पुलिस ने युवक के खिलाफ केस दर्ज कर उसको गिरफ्तार कर लिया। दस जमा दो में पढ[redacted] वाली पूजा अचानक लापता हो गई थी। पुलिस ने लड़की के पिता की शिकायत पर गांव के ही एक युवक पर मामला दर्ज कर लिया था। थाना प्रभारी ने बताया कि आरोपी युवक से इस बारे में सख्ती से पूछताछ की तो उसने अपना गुनाह कबूल कर लिया। उसने बताया कि दुराचार करने के बाद उसने चुन्नी से गला दबाकर उसकी हत्या कर दी। इसके बाद उसके शव को खेत में दबा दिया।

पंजाब में एक जमींदार ने नौकरानी से जन्मे पांच साल के बच्चे की हत्या कर शव खेत में फेंक दिया। पुलिस के अनुसार एक महिला

की शादी 12 साल पहले हुई थी। पति से झगड़ा होने के बाद वह अपने बच्चों के साथ मायके में रहने लगी थी। इसके बाद वह गांव के ही एक जमींदार के घर में नौकरानी के रूप में काम करने लग गई थी। इसी दौरान महिला के जमींदार के साथ संबंध बन गए और उसने एक बच्चे को जन्म दिया। बाद में महिला ने अपने जमींदार प्रेमी पर दबाव डाला कि वह उसके बेटे के नाम जमीन लिख दे। इस मामले की भनक लगने पर जमींदार के वैवाहिक जीवन में भी दरार आ गई। उसकी पत्नी मायके चली गई। आरोपी जमींदार ने महिला को बुलाया था और वे रात को अपने खेत में ट्यूबवेल पर रहे। शनिवार सुबह आरोपी जमींदार ने महिला को यह कहकर भेज दिया कि वह अपने बेटे को कुछ दिन साथ रखेगा। पहले से ही तैयार साजिश में उसने बालक की हत्या कर गेहूं के खेत में फेंक दिया।

हरियाणा में घरेलू झगड़े में दो युवकों ने दोस्तों के साथ मिलकर दिल्ली-जयपुर राजमार्ग पर जा रहे अपने जीजा पर ज्वलनशील पदार्थ छिड़ककर आग लगा दी। रात को आग लगने के बाद युवक की चीखों से राजमार्ग गूंज उठा। राजमार्ग पर गश्त कर रही पीसीआर ने घायल को ८० प्रतिशत जली अवस्था में दिल्ली के एक अस्पताल में भरती कराया। उसकी गंभीर हालत को देखते हुए उसे सफदरजंग अस्पताल रेफर कर दिया गया। आग लगाने वालों में पीड़ित के दो साले शामिल थे। बताया जाता है कि पिछले दिनों एक

हादसे में पीड़ित की पत्नी घायल हो गई थी। उसे लेने के लिए जब वह ससुराल गया तो ससुरालियों ने पत्नी को साथ भेजने के बजाय उसकी पिटाई कर दी। इस घटना से इस रिश्ते में फूट पड़ी, जो यहां तक पहुंच गई।

हिमाचल प्रदेश के एक जिला में एक निर्दयी बाप ने अपने दो मासूम बच्चों को चाकू से गोद कर मार डाला। इसके बाद आरोपी बाप फरार हो गया। उक्त व्यक्ति अपनी पत्नी के साथ दिल्ली में रहता था। हादसे के दिन ही वह बीवी और बच्चों के साथ अपने गांव आया था। गांव में उसके पिता व मां रहती हैं। इस बीच सुबह ही वह अपने बच्चों को घुमाने के बहाने घर से बाहर ले आया। इस बीच सुबह पिता ने उसे गांव के स्कूल के समीप बिना बच्चों के ही घूमते देखा तो उन्होंने उससे बच्चों के बारे में पूछा, मगर उसने उन्हें कुछ नहीं बताया और भाग खड़ा हुआ। बच्चों की खोजबीन करने पर उनके खून से सने हुए शव गांव के पास मिले। उनकी चाकू से गोद कर हत्या कर दी गई थी। इस हिला देने वाली घटना का पता चलते ही गांव में सनसनी फैल गई। तुरंत इसकी सूचना पुलिस को दी गई। पुलिस ने मामले का पता चलते ही क्षेत्र की नाकेबंद कर दी और अपराधी बाप की तलाश शुरू कर दी। काफी खोजबीन के बाद भी देर शाम तक आरोपी का पता नहीं चल पाया। बताया जा रहा है कि आरोपी नौकरी छूटने से परेशान था। दो दिन बाद आरोपी का शव

ट्रेन की पटरी पर बरामद किया गया।

सिरमौर में बेटे ने पिता को २०० रुपये नहीं दिए तो उसे मौत के घाट उतार दिया गया। मामला ददाहू का है। यहां एक पिता ने अपने बेटे को गोली मारकर मौत के घाट उतार दिया। वारदात के बाद आरोपी ने थाने पहुंचकर आत्मसमर्पण कर दिया। पुलिस के अनुसार सुबह पांच बजे यह वारदात हुई। अपने भांजे की शादी में शामिल होने के लिए बाप तैयार हो रहा था। इस दौरान उसने अपने बेटे से २०० रुपये मांगे। पुलिस को दिए ब्यान में रणवीर ने बताया कि रुपये मांगने पर कहासुनी बढ़ गई और बेटे ने तमाचा जड़ दिया। इससे गुस्सा होकर बाप बगल के कमरे में गया और वहां से बंदूक ले आया। गुस्से में आकर रणवीर ने बेटे पर गोली चला दी, जिससे बेटा वहीं ढेर हो गया। गोली की आवाज सुनकर छोटा बेटा वहां आया। उसने बड़े भाई की हत्या होती देख इसकी सूचना पंचायत को दी। पंचायत ने इसकी सूचना पुलिस को दी। जब तक पुलिस मौका ए वारदात पर पहुंचती, बाप स्वयं पुलिस थाने में आत्मसमर्पण करने पहुंच गया।

शिमला में भाई ने भाई की हत्या कर दी। हत्या का कारण मामूली विवाद रहा। घायल हालत में दोनों भाइयों को अस्पताल लाया गया, जहां बड़े भाई की मौत हो गई। रात करीब नौ बजे दोनों भाई भोजन करने रसोईघर में पहुंचे। मां ने दोनों बेटों की थालियों में

खाना परोसा। इस बीच छोटा भाई पानी लेने के लिए उठा। इस बीच पानी फर्श पर गिर गया। बड़े भाई ने कहा कि होश में रहकर काम किया कर। बड़े भाई की नसीहत उसे अच्छी नहीं लगी और उसने खाना खा रहे बड़े भाई को थप्पड़ जड़ दिया। बड़े भाई ने एक डंडा उठाया और छोटे को दे मारा। दोनों ने एक दूसरे पर डंडों से जमकर वार किए। इस बीच दोनों एक दूसरे को काफी चोटिल कर चुके थे। कुछ देर में दोनों बेहोश होकर गिर पड़े। परिजन उन्हें अस्पताल ले गए। जहां एक ने दम तोड़ दिया।

करनाल में एक बाप को बेटी से दुराचार करने पर एक लाख रुपए जुमार्ना और उम्रकैद की सजा सुनाई गई है। उक्त लड़की की मां की बचपन में ही मौत हो गई थी। उसके बाद वह अनाथालय में रही। वह एक निजी स्कूल में नौवीं कक्षा में पढ़ती थी। एक दिन उसके भाई के घर से बाहर जाने पर रात को उसके साथ दुराचार किया था। तीन दिन बाद उसके बाप ने फिर से जबरदस्ती की कोशिश की तो पीड़िता ने शोर मचा दिया। इस बीच इस कलियुगी बाप के खिलाफ पुलिस में केस दर्ज हुआ तथा न्यायालय ने उम्रकैद की सजा सुनाई।

एक या दो पीढ़ी पहले दूल्हा-दुल्हन शादी के बाद ही एक-दूसरे को देखते थे। आठ-दस बच्चों के परिवार हमारे पूर्वजों ने सफलतापूर्वक चलाए हैं। इज्जत, मान-मयार्दा को बचाकर

रखा। क्योंकि उनमें आपसी विश्वास, सहनशीलता, सभ्यता और समझौतावादी सोच थी। हमें समय रहते समझना होगा और संभलना भी होगा। अन्यथा कल को आने वाली पीढ़ी के बहुत कम सभ्य लोग हमें माफ नहीं करेंगे।

असमय जान दे रहे युवा

बेरोजगार युवाओं की आत्महत्याओं पर शाहिद के यह विचार रहे-हिमाचल में एक सप्ताह में आधा दर्जन आत्महत्याएं। यानी हर दिन एक खुदकुशी। मरने वाले सभी युवक। हताश क्यों हो युवावर्ग? निराशा की वजह क्या है? शायद हमने इस दिशा में सोचा ही नहीं। या यूं कहें चिंतन की जरूरत ही नहीं समझी। समय न होने का बहाना भी बना सकते हैं। मामला गंभीर है, परिस्थितियां जटिल हैं। यह नहीं कह सकते कि जान बुझदिल देते हैं। यह सोचकर भी पीछा नहीं छुड़ा सकते कि जो मर गया उसे मरने दो। यह हमारी बहुत बड़ी प्रशासनिक विफलता है। बिलासपुर में १५ दिसंबर के दिन दोपहर को एक युवक ने कंदरौर पुल से छलांग लगा दी। जान इतनी आसानी से नहीं निकलती। गोबिंद सागर में एक बार डूबने केबाद पानी ने उसे बाहर उगला। बचाव के लिए हाथ-पांव मारने लगा। पास खड़े लोगों ने उसे बाहर निकाला। कंदरौर के आयुर्वेद अस्पताल से यह कहकर घर भेज दिया कि अब हालत ठीक है। होनी को कुछ और ही मंजूर था। रात को घर में उसकी मौत हो गई। दो दिना बाद पालमपुर में दो युवकों ने जहर खाकर इस दुनिया को अलविदा कह दिया।

अगले ही दिन ऐसा ही दर्दनाक हादसा कालका-शिमला रेलवे

ट्रैक पर सोलन में हुआ। रेलवे ट्रैफिक पुलिस के मुताबिक एक युवक अचानक ट्रेन केसामने आ गया। इस बार मरने वाला युवक हरियाणा का था। हाल ही में शिमला में एक युवक ने असमय जान दे दी। मंडी में नौजवान ने तेजाब पीकर इहलीला समाप्त करने की कोशिश की। निरमंड में रामपुर बुशहर के एक युवक ने फंदा लगाकर आत्महत्या कर ली। शिमला में एक युवक कार में मृत मिला। उसके बाद पालमपुर में एक युवक ने जहरीली चीज खाकर जान दे दी। इन्हीं मामलों से जुड़ी दस साल पुरानी दुखदायक घटना जैसे मन को व्यथित कर गई। धर्मशाला कालेज में १९९६ में गणित विषय के साथ एक होनहार युवक सुशील (काल्पनिक नाम) ने बीए पास की। सुशील कांगड़ा के एक गांव का रहने वाला था। परिवार की हालत इतनी अच्छी नहीं थी। वह भीड़ से हटकर चलता था। बीए के बाद सुशील ने बीएड की। कंप्यूटर सीखा। एक दिन बहुत दुखद समाचार मिला। जैसे किसी को विश्वास ही नहीं हो रहा था। सुशील ने सल्फास निगलकर खुदकुशी कर ली थी। इसकी वजह बेरोजगारी बताई गई। बहुत दुख हुआ। और कर भी क्या सकते थे? दक्षिणी दिल्ली के तिलकनगर से संयुक्त राष्ट्र से जुड़े एक नेपाली युवक का अपहरण कर लिया गया। अपहरणकताओं ने पांच लाख की फिरौती मांगी। अपहृत युवक को हिमाचल प्रदेश के नालागढ़ में छुड़ा लिया गया। कुल सात आरोपियों में से पांच हिमाचल के

निकले। देश के अपराध ग्रस्त क्षेत्रों में फिरौती मांगना आम बात हो सकती है, पर हिमाचली युवकों का अपहरण में शामिल होना कई सावल खड़े करता है। युवाओं की हताशा के पीछे सबसे बड़ा कारण असुरक्षित भविष्य है। हिमाचल द्विवधानसभा के शीतकालीन सत्र में उद्योग मंत्री ने सदन को बताया कि ३१ अक्तूबर २००७ तक रोजगार कार्यालयों में पंजीकृत बेरोजगारों की संख्या ७,८०,९७५ थी। दो साल में इसमें २,०८,०८६ का इजाफा हुआ। उद्योग मंत्री के अनुसार हिमाचल में कुल १०,७०,०६१ बेरोजगार हैं। सरकारी रिकार्ड में ये बेरोजगार हैं इसका मतलब यह नहीं हुआ कि वे कछ नहीं कर रहे हैं। कोई दुकान चला रहा है, किसी ने टैक्सी रखी है, कोई निजी चालक-परिचालक है, किसी ने स्कूल खोला है तो कुछ बिजनेस भी कर रहे हैं। निजी कंपनियों ने भी रोजगार के द्वार खोले हैं। पर अकुशल कामगार को चार-पांच हजार रुपए महीने में बड़ी मुश्किल से मिलता है। चार-पांच हजार में क्या होता है? आत्महत्या वे कर रहे हैं जिनके पास करने को कुछ नहीं है। जिसका बिजनेस फेल हो गया। जिसने कारोबार के लिए कर्ज लिया, पर सफल नहीं हो पाया। हां, प्रेम प्रसंग भी आत्महत्या की एक छोटी सी वजह है। बेरोजगारों में युवतियां भी हैं। पर सदियों से परिवार चलाने की जिम्मेदारी पुरुष पर रही है। रोजगार पर लगी लड़की कभी बेरोजगार युवक के साथ घर नहीं बसाती। पुरुषों केमामले में

उल्ट है। विषमताएं तो बढ़ेंगी ही।

युवाओं का इस तरह से असमय काल का ग्रास बनना देश-प्रदेश के भविष्य के लिए अच्छा नहीं है। युवक की मौत पर मातम होता है। दस-बारह दिन शोक मनाकर सब भूल जाते हैं। और फिर एक आत्महत्या। पुलिस मामला दर्ज करती है। कुछ दिन बाद परिजनों को तंग कर फाइल बंद हो जाती है। देश-प्रदेश चलाने वालों की जिम्मेदारी है कि इन मामले को गंभीरता से लें। हर किसी को सरकारी नौकरी नहीं दी जा सकती। पर शैक्षणिक योग्यता के अनुसार बेरोजगारी भत्ता और अन्य योजनाएं शुरू करके जीने की आस जगाई जा सकती है। इन मामलों पर गंभीर मंथन के लिए समय निकालना होगा, अन्यथा कल के लिए बहुत देर हो जाएगी।

नौकरी छीनने की सियासत छोड़िए

घटिया राजनीति के कारण छीनी जा रही नौकरी पर शाहिद ने इन शब्दों में निकाली भड़ास-आज मेरी सरकार कल को आपकी।पांच साल हम लाल बत्ती वाली गाडियों में घूमेंगे, उसके बाद आपकी बारी।ये हमारे कर्मचारी, वे आपके।ऐसी सोच ने व्यवस्थाएं जटिल कर दी हैं।मुश्किलें बढ़ी हैं।विसंगतियां जवानी पर हैं।स्वार्थ और पक्षपात हावी हैं।न्याय नहीं हो पा रहा है।क्योंकि हम निष्पक्ष नहीं हैं।वोटर दबाव में है।पीड़ित पक्ष किससे इंसाफ मांगेंगे? दूरदर्शिता तो जैसे हमसे बहुत दूर हो गई लगती है।

शुरूआत पीटीए शिक्षकों से।अक्तूबर २००३ में पीटीए शिक्षकों की भर्ती के लिए अधिसूचना जारी हुई।शुरू-शुरू में शिक्षकों ने दो सौ-पांच सौ में सेवाएं दीं।कुछ मुफ्त में भी लगे।जून २००६ में वीरभद्र सरकार ने पीटीए के लिए सरकारी ग्रांट शुरू की।इसके बाद इस नौकरी के लिए भीड़ लगी।प्रदेश में पीटीए शिक्षकों की संख्या ६८०६ तक पहुंच गई।यहीं से ये शिक्षक राजनीति का केंद्र बने।आरोप है कि कांग्रेस सरकार ने ह्यअपने आदमीइ लगाए।भाजपा सरकार ने अप्रैल २००८ में इन भर्तियों की जांच का आदेश जारी किया।एसडीएम स्तर पर जांच शुरू हुई।प्रदेश में लगभग ३०८७

शिकायतें मिलीं। जांच को निजी रंजिश निकालने का भी जरिया बनाया गया। जिसका पड़ोसी से जमीन और पानी को लेकर विवाद था, उसने भी एसडीएम के नाम ह्यचिट्ठीइ डाल दी। सितंबर २००८ में लगभग ९७७ पीटीए शिक्षकों की नियुक्ति को अवैध बताकर हटा दिया गया। पीड़ितों ने उपायुक्तों तथा कोर्ट से न्याय मांगा। दोबारा जांच में लगभग ५७१ शिक्षकों को बहाल किया गया। राजनीति पर फिर भी विराम नहीं लगा। पदोन्नति और तबादलों ने भी कइयों की नौकरी ली। अब तक करीब सवा दो सौ अध्यापकों को घर बैठाया जा चुका है। जो सेवारत हैं, हर समय चिंतित हैं। आज नौकरी है। कल का पता नहीं। स्कूल के गेट पर जब भी नया आदमी दिखता है, पीटीए शिक्षकों को यही डर होता है कि नियमित अध्यापक तो नहीं आ गया। ग्रांट मिलती है, वह भी घुट-घुट कर। सरकार को याद दिलानी पड़ती है। छह-छह माह बाद पैसे मिलते हैं। अठारह-२० साल किताबों में खपाने के बाद तीन-चार हजार में परिवार का पेट पाल रहे हैं। प्रदेश में कई स्कूल इनके सहारे हैं। फिर भी ये शिक्षक राजनीति का केंद्र हैं। अजीब विरोधाभास है। पीटीए की नौकरी लगने बाद कई शिक्षकों ने इसी आस से शादी कर ली, भविष्य अच्छा है। आज सवा दो सौ बेरोजगर हो गए हैं। पति पत्नी दोनों बिना काम के हैं। मंडी के निहरी स्कूल में पीटीए पर तीन साल से सेवारत टीजीटी मेडिकल को बाहर कर दिया गया। परिवार वाले

किसे कोसें? कहां जाएं?

विडंबना है। सरकारी प्रतिनिधि बार-बार यही दावा कर रहे हैं कि ये सरकारी कर्मचारी नहीं हैं। माना कि सरकारी कर्मचारी नहीं हैं, पर इनसान तो हैं। इसी देश के नागरिक हैं। कम से कम ह्यघुंघरूइ नहीं। यह नहीं बोल सकते कि सभी कांग्रेसी हैं। इसमें भी सचाई नहीं कि सभी की नियुक्तियां सिफारिश से हुईं। पीटीए शिक्षक संघ के प्रदेश अध्यक्ष विवेक मेहता ठीक ही सवाल करते हैं-सरकारी पद पर २४० दिन लगाने के बाद उसे हटाया नहीं जाता, उन्होंने तो ५-६ साल लगा दिए हैं। वे अब कहां जाएं? पीटीए शिक्षक ही ह्यअछूतइ क्यों? उन्हें ही अपवाद क्यों बनाया जा रहा है? उधर, बेरोजगार प्रशिक्षित संघ ने हमीरपुर में बैठक कर चेतावनी दी कि यदि पीटीए शिक्षकों को नहीं हटाया जाता तो वे प्रदेश भर में चक्का जाम शुरू करेंगे। लगा हुआ रोजगार छीनने की रीत मत डालिए। यह मत भूलिए कल को आप भी उसी पंक्ति में खड़े होंगे। कांग्रेस के नेता यह दावा कर रहे हैं कि उनकी सरकार बनते ही पीटीए शिक्षक बहाल होंगे तो क्या भाजपा सरकार बनने पर उन्हें फिर बाहर कर दिया जाएगा।

इतना ही नहीं। कांग्रेस सरकार ने भी २००३ में पूर्व सरकार के नियुक्त किए गए स्नातक अध्यापकों को नौकरी पर नहीं रखा था। भाजपा ने छह साल बाद उनको राहत दी। अनुबंध पर ६४

डेंटल डाक्टरों की नौकरी जाते-जाते बची। उनका अनुबंध मार्च तक बढ़ा है। सरकार तर्क दे रही है कि वे नौकरी के लिए दोबारा से आवेदन करें। दुआ करें इनका अनुबंध सदा के लिए रिन्यू हो जाए। शिमला विश्वविद्यालय में भी ऐसे कई उदाहरण हैं। एक सरकार की नियुक्ति को दूसरी ने अवैध करार दिया। भाजपा सरकार के समय में प्रदेश के एक कालेज में चार लेक्चरर रातों-रात रखे गए। किसी को कानों-कान खबर नहीं हुई। इनमें कुछ तो वांछित शैक्षणिक योग्यता भी पूरी नहीं करते।

शिक्षित वर्ग असमंजस में है। हर सरकार नए नियम बनाकर शिक्षक भर्ती कर रही है। प्रदेश में अध्यापकों की एक दर्जन से अधिक श्रेणियां हो गई हैं। एक जैसे शैक्षणिक कार्य के बावजूद भारी वेतन विसंगतियां हैं। ठोस शिक्षा नीति और भर्ती नीति का अभाव साफ दिखता है। घोर अस्थिरता है। हम किस परंपरा को जन्म दे रहे हैं?

क्या इस तरह नौकरी से हटाना मानवाधिकारों का उल्लंघन नहीं है? कर्मचारियों को ही घुंघरू क्यों बनाएं? नेताओं को कानून के दायरे में लाइए, जो ऐसी नियुक्तियां करवा रहे हैं। अधिकारियों के खिलाफ भी फाइल खोलिए। आम आदमी ही क्यों पिसे? पता नहीं हम किस जुबान से विश्व का सबसे बड़ा लोकतंत्र होने का दावा करते हैं? कहीं से आशा की किरण उदय होती नहीं दिखती। लेकिन

फिर भी। उम्मीद रखिए। वह सुबह कभी तो आएगी।

गरीबों का तो भगवान भी नहीं

शाहिद के मन में जो भी आया, लिखता गया-पुलिस थाना बद्दी के तहत सुबह हाउसिंग बोर्ड फेज एक में एक कामगार परिवार के बच्चे की पानी के टैंक में डूब जाने से मौत हो गई। प्रवासी कामगार राम किशोर निवासी मध्य प्रदेश बद्दी के हाउसिंग बोर्ड फेज एक में ईएसआई के भवन निर्माण करवा रहे ठेकेदार के पास काम करता था। वह अपने परिवार के साथ उसी निमार्णाधीन भवन के परिसर में रह रहा था। सुबह हर रोज की तरह अपने चार साल के बेटे को वहीं छोड़ कर अपनी पत्नी के साथ काम पर चले गए। कुछ समय बाद वह अपने चार साल के बेटे को देखने के लिए अपने निवास स्थान पर आए तो उसे वहां नहीं पाकर उसे तलाशने लगे, लेकिन काफी देर तक उसका कुछ पता नहीं चला। इसी बीच उनका ध्यान ईएसआई के निमार्णाधीन भवन के परिसर में पानी को स्टोर करने के लिए बने टैंक पर गया। टैंक में एक डंडे के सहारे से पानी को हिलाया गया तो शव पानी में था। इसके वहां कार्यरत सभी मजदूरों और आस पड़ोस के लोगों में शोक की लहर छा गई।

पाक जेल से २७ साल बाद लौटे गोपाल दास की पीड़ा किसने

जानी ? गांव भैणी मियां खां के गोपाल दास के दिल में सरकार के प्रति गुबार है। तमाम ऐसी यादें भी, जिन्हें बयां करते उसकी आंखों से आंसू छलक पड़ते हैं। बहुत कुरेदने पर वह बोले, ह्यसालों बाद बीती रात बिना दवा के अच्छी नींद आई। ऐसी नींद के लिए मैं तरस गया था इ पैतृक गांव पहुंचे गोपाल ने सबसे पहले गांव में ही स्थित सिंह सभा गुरुद्वारे और राधा-कृष्ण मंदिर के साथ पीर बाबा की दरगाह पर माथा टेका।

पीर बाबा से जब वह गांव की गलियों से अपने घर की ओर जा रहे थे तो लग रहा था कि जैसे कोई नई दुनिया देख रहे थे। गोपाल दास को मिलने के लिए पूरा गांव उनके घर आया था, वहीं उनके बड़े भाई चरण दास, बारठ साहिब से राज कुमार, होशियारपुर से सरदारी लाल तथा पंचकूला से आनंद वीर आए थे। उनके पास आते ही गोपाल भावुक हो गए। उन्हें मिलने के लिए उनके पुराने दोस्त और गांव के सरपंच तरसेम लाल रियाड़, कुलवंत सिंह, बलराज सिंह (ब्लाक समिति मेंबर), लखविंदर सिंह माड़े, निशान सिंह माड़े और विक्की आदि कई लोग जमा थे। उनसे मिलने के लिए कोई राजनेता या सरकारी अफसर नहीं आया।

गोपाल ने कि घर में एक रात बिताने के बाद उसे एहसास हुआ कि वह जिंदा है और अपनों के बीच है। उन्होंने कहा कि रात में उन्हें गुजरे हुए २७ साल की पूरी कहानी फिल्म के फ्लैशबैक की

भांति आंखों से गुजर गई। उन्होंने कहा कि मेरे पाकिस्तान की जेल में काफी दोस्त बन गए थे जो मुझे काफी याद आएंगे। गोपाल ने कहा कि अब नए सिरे से जीवन जो तोहफे में मिला है उसकी अच्छी शुरूआत करेंगे। उन्होंने कहा कि उन्हें काफी दुख है कि उन्हें पाकिस्तान भेजने वालों ने उनकी कोई सुध नहीं ली।

कोई भी नौजवान जासूस न बने और न ही किसी के बहकावे में आकर ऐसा काम करे, जिससे उसका भविष्य दांव पर लग जाए। गोपाल ने कहा कि उन्हें बेहद दुख है कि उन देशभक्तों की राजनीतिक लोग और सरकारें कोई सुध नहीं ले रहीं जो अपनी जान हथेली पर रखकर बाहरी मुल्कों में देश के लिए जासूसी करने जाते हैं। उन्होंने कहा कि वह पाकिस्तान में जासूस ठहरा दिए गए, लेकिन किसी खुफिया एजेंसी ने उनके परिवार की कोई सुध नहीं ली। उन्होंने कहा कि उन्हें अब शर्मिंदगी महसूस होती है कि उस पर जासूस होने का ठप्पा है। गोपाल दास ने सवाल खड़ा किया कि वह अपने साथ कोई दस्तावेज नहीं लेकर गए फिर कैसे उनकी पूरी रिपोर्ट पाकिस्तान सरकार के पास आई? कैसे पकड़े गए लोगों का सारा रिकार्ड वहां पहुंच जाता है। गोपाल दास ने बताया कि उनके पास रहने के लिए अपना घर तक नहीं है। वह अपने भाई की छत तले रह रहे हैं।

राहू जी महाराज के नाम चिट्ठी

ग्रहों से सहयोग न मिलने पर निराश रहा शाहिद। अंतिम रात को ये रहे उसके शब्द-राहू जी! महाराज, नमस्कार। आप मेरा आखिरी सलाम स्वीकार करें। मैं जा रहा हूं। अब मुझे आगे आपसे कोई शिकायत नहीं होगी। आपकी महादशा १८ साल की होती है। बहुत लंबे होते हैं १८ साल। मैं तो सोचता हूं कि आपको इतनी लंबी अवधि क्यों दो गई है? क्योंकि आप तो बहुत रेल बनाते हैं। जिसकी भी कुंडली में आप बैठ गए उसका तो फिर कोई नहीं है। हालांकि मेरी कुंडली में अभी आपका समय १५ साल हुआ है और तीन वर्ष बाकी हैं। पर जब मैं पिछले १५ साल के कष्टों के बारे में सोचता हूं तो सिहर उठता हूं। मेरे लिए एक दिन जीना मुश्किल है तो तीन साल तो किसी भी कोण से संभव नहीं दिखता। मैंने बहुत लोगों को रोते हुए देखा है आपके कारण। हो सकता है आपने कई लोगों को तारा भी होगा, पर ऐसे बहुत कम लोग देखे हैं मैंने जो यह कहते हुए सुने हों कि राहू जी के आशीर्वाद से हम सफल हुए।

राहू जी! आप बहुत निर्दयी हैं। मुझे याद है अब तक। जब आप शुरू-शुरू में मेरी कुंडली में बैठे थे। उस समय मैं कालेज में पढ़ता था। पर चूंकि इससे पहले के ग्रहों ने मेरा ठीक ग्राउंड बना दिया था,

इसलिए शुरूआती दौर में आपके प्रवेश को मैं समझ नहीं पाया। मैं इतनी परवाह भी नहीं मारता था। ग्रहों को लेकर मैं कभी चिंतित नहीं रहा। पर मुझे याद है क्यों नहीं मेरे बीए फाइनल में गणित में २० अंक कम आए थे। १०० में से ९५ नंबर का पेपर एकदम सही करके आया था। बस पांच-पांच अंक के चार प्रश्नों में फामूर्ला लगाने में थोड़ी सी चूक कर गया था। हालांकि सवाल मैंने ठीक हल किए थे। उनका उत्तर भी सही निकाला था। मुझे उम्मीद थी कि चलो चारों नहीं तो कोई दो तो ठीक हो जाएंगे। दो नहीं तो एक ही सही। कम से कम ८० नंबर तो आएंगे ही। पर नहीं। आप तो बहुत कठोर हैं। मेरे वे सारे चारों सवाल गलत हो गए थे और अंक आए थे ७५। तब मैं यह नहीं समझा था कि आपकी कलाकारी शुरू हो गई है। चलो खैर।

इतना ही नहीं मुझे याद है जब कालेज में एससीए चुनाव हो रहे थे। मुझे छात्र संघ के चुनावों में मजबूत दावेदार होने के बावजूद टिकट नहीं मिली थी। हालांकि मैं हर तरफ से जीतने की स्थिति में था। पर मेरी जेब में इतने पैसे नहीं थे कि मैं चुनाव प्रचार और जीतने के बाद साथी लोगों को शराब पिला सकता। यही कारण रहा था कि मेरी टिकट काट दी गई थी। जिस व्यक्ति को टिकट दी गई थी, वह चुनाव हार गया था। बाद में छात्र संगठन ने यह कहकर मुझे मनाने की कोशिश की थी कि आपकी दावेदारी मजबूत थी और आपकी

टिकट गलत काटी गई थी। मुझे अब भी याद है कि कितनी बार इन १५ साल में मेरे ऊपर झूठे इलजाम लगे। आज मैं याद करता हूं और उन सब कारणों की समीक्षा करता हूं तो लगता है कि यह सब आपकी ही महिमा थी।

पर हे छाया ग्रह ! मैं आपसे एक बात कहना चाहता हूं कि आप गरीबों की लेनी की देनी क्यों करते हो? गरीब तो पहले ही मरा होता है। उसे और मारोगे तो वह मर जाएगा। लड■ा है तो अरबपतियों को पकड़िए। उनसे आमना-सामना कीजिए। आज तो दुनिया में भारी संख्या में करोड़पति से लेकर अरबपति और उनके भी आगे के पति हो गए हैं। करोड़ों की संख्या में भ्रष्टाचारी हैं। ठेकेदारों ने अरबों रुपए दो नंबर में कमा रखे हैं। नेता और अफसर लोग दोनों हाथों से लगे हुए हैं। उनसे लड़िए। उनको अपनी कला दिखाइए। उनको नचाइए। मेरे जैसे बेरोजगार तो पहले से ही जीवन के लिए संघर्ष कर रहे हैं। हमें और सताओगे तो हम पूरी तरह से टूट जाएंगे। हमारे पास खुदकुशी के अलावा दूसरा कोई विकल्प नहीं बचेगा। पर लगता है कि आप तो करोड़पतियों से लड■ा नहीं चाहते। क्योंकि पंडित लोग अगर २५-३० हजार का पूजा-पाठ बताएंगे तो वे लाखों रुपए खर्च देंगे। मेरे पास तो हजारों भी नहीं होंगे। सैकड़ों का आंकड़ा भी बड़ी मुश्किल से जुट पाता है। पर फिर भी आप नौ ग्रहों में से एक हैं। कुछ तो रहम कीजिए। मुझे याद है जब मैं धक्के

खा रहा था तो मेरी मां ने कई बार कुल पुरोहित को मेरी कुंडली दिखाई। पुरोहित ने रास्ते की सफाई करना, रास्ते बनाना और छोटी-मोटी दक्षिणा देना बताया। मैंने यह सब बड़ी लग्न से किया। पर मेरे दिन नहीं सुधरे। पुरोहित जी बताते थे कि मेरी कुंड़ली में जब ग्रहों के राजा भगवान सूर्य देव जी, गुरुओं के गुरू वृहस्पति जी और दैत्यों के गुरू शुक्राचार्य जी का अंतर आएगा तो मैं कुछ तरक्की कर सकता हूं। मुझे बड़ी बेसब्री से इनका इंतजार था। इन सबका अंतर आया और गया, पर आपने मुझे नहीं छोड़ा।

मैंने सुना है कि आप राक्षसी प्रवृत्ति के ग्रह हैं। सच्चाई क्या है? मुझे नहीं पता। जब त्रिलोकीनाथ श्री भगवान हरि विष्णु जी ने देवताओं और राक्षसों को अमृत पिलाना शुरू किया था तो सुनते हैं कि आप अपना रूप बदलकर धोखे से देवताओं के साथ बैठ गए थे। विष्णु जी को धोखा देकर आपने अमृत पी लिया था। क्योंकि आप चालाक थे। आप जानते थे कि विष्णु जी अमृत की हांडी देवताओं को पिलाते-पिलाते ही खत्म कर देंगे। जब विष्णु जी को इस सच्चाई का पता चला उन्होंने सुदर्शन चक्र से आपका सिर काट दिया था। राहू-केतु आपके नाम पड़े थे। सिर केतु और धड़ राहू कहलाए थे। पर मैं सोचता हूं कि इस सारे मामले में देवताओं और विष्णु जी की भी गलती है। यदि वे समय पर आपको पहचान जाते तो आज आप नौ ग्रहों में शामिल नहीं होते। और यदि ऐसा हो पाता

तो मेरे जैसे लाखों-करोड़ों लोग आपके कहर से बच जाते। खैर ! अब मैं ज्यादा नहीं सोचना चाहता। जो हो गया वह अच्छा हुआ। अब और नहीं। श्रीमद भगवद गीता में भी लिखा है-कर्म करो, फल की इच्छा मत रखो। मैंने कर्म किया और फल की इच्छा रखी। पर यदि १५ साल के संघर्ष में फल नहीं मिला तो कोई शिकायत नहीं। अब आगे फल की इच्छा भी नहीं है। मैं जा रहा हूं। मेरे जिस शरीर को आपने इतने कष्ट पहुंचाए, उसके लिए धन्यवाद। अब मैं यह शरीर नष्ट कर रहा हूं। आपका काम मैं ही आसान किए देता हूं। आप खुश रहो।

एक ईमानदार तानाशाह चाहिए

उसे लगता था कि वर्तमान हालात में कुछ होने वाला नहीं है। इसलिए पूरा तंत्र ही बदलना पड़ेगा। शाहिद के मन में कई बार यह सवाल उठता कि हम विश्व का सबसे बड़ा लोकतंत्र क्यों हैं ? किसने दी है हमें दुनिया का सबसे बड़ा लोकतंत्र होने की उपाधि ? वह जब देश में अति गरीबी देखता, समाचार पत्रों में यह पढ़ता कि देश के ८० करोड़ से ज्यादा लोग अब भी २० रुपए प्रतिदिन आय पर गुजारा कर रहे हैं। थर्ड डिवीजन में स्नातक करने वाले सरकार में अच्छे ओहदों पर बैठे हुए हैं और प्रथम श्रेणी में बीए पास लोग निजी कंपनियों में धक्के खा रहे हैं। जिन्होंने बड़ी मुश्किल से बीए पास की, वे जैसे-तैसे एमए करके लेक्चरर बने हुए हैं। सरकार की गलत नीतियों का नाजायज लाभ उठाकर ऐसे लोग ऐश-परस्ती कर रहे हैं। राजनेता अपनी ताकत का दुरुपयोग कर अयोग्य लोगों की भर्तियां करवा रहे हैं।

हर जगह भेदभाव है। बिना सिफारिश के कोई काम नहीं होता। ये सब देखकर शाहिद का मन विचलित हो उठता। वह यह सोचता कि हम तो नाम का ही लोकतंत्र हैं। वह अंदर ही अंदर इस पर बहुत हंसता पर कुछ खास लोगों के बीच ही इस पर चर्चा करता। इस मामले पर वह लोगों के सामने नहीं हंसता, क्योंकि कल को लोग

उसे यह कहने लगते कि देखो इसके दिमाग में फर्क पड़ गया है। वह और हंसी का पात्र नहीं बनना चाहता था। वह कई एंगल से सोचता कि कोई ऐसा कारण तो मिले जिससे थोड़ा सा भी यह लगता हो कि हम दुनिया का सबसे बड़ा लोकतंत्र हैं। उसे ऐसी कोई वजह नहीं दिखती। वह यह सोचता कि देश तो मात्र एक तिहाई भारतीयों के लिए ही आजाद हुआ, जिन्होंने अपने आप को स्टैंड कर लिया। दो-तिहाई लोग तो अब भी भूखे मर रहे हैं। उनकी सुबह तो सवेरे के खाने के संघर्ष से शुरू होती है। नाश्ते का तो ऐसे लोग सोच भी नहीं सकते। बस ! नाश्ता और दोपहर का भोजन एक साथ ही होता है। इसके बाद रात के खाने के लिए संघर्ष शुरू होता है।

उनके बच्चों के नाजुक तन पर कपड़ा नहीं होता। होता भी है तो वही फटा-पुराना और मैला-कुचैला। पांव में जूते की तो ऐसे लोग सोच भी नहीं सकते। ऐसा संघर्ष वे कई पीढियों से कर रहे हैं। शिक्षा, स्वास्थ्य और घर की तो वे मात्र कल्पना ही कर सकते हैं। ऐसा उनके पूर्वजों का भी इतिहास रहा है, वे भी कर रहे हैं और आने वाली पीढियों केजीवन स्तर में भी कोई खास बदलाव नहीं आने वाला। भद्दिवष्य में उनके लिए सरकार से कुछ अच्छा होने की कोई उम्मीद नहीं है।

भ्रष्टाचार, हत्या, दुराचार और लूट जैसे कई आपराधिक मामलों में शामिल डेढ़ सौ से ज्यादा सांसद भारत की सवा अरब आबादी

का दिल्ली में बैठकर भद्दिवष्य तय करते हैं। ये तो वे लोग हैं जिनके खिलाफ मुकदमे दर्ज हैं। हम सब जानते हैं कि किसी भी नेता के खिलाफ केस दर्ज करना कितना कठिन है। ऐसे ही इतने या इनसे भी अधिक जनसेवक होंगे, जिन्होंने अपराध तो किए होंगे पर अपनी पहुंच के चलते वे मुकदमे से बचे हैं। क्या बिडंवना है? जिन्होंने संविधान के तय कायदे कानूनों को तोड़ा, वे जनता के लिए कानून बनाते हैं। मात्र १५-२० प्रतिशत वोट लेकर सरकारें चल रही हैं। हथकंडों को देखते हुए जनता का वोट की राजनीति में विश्वास टूट गया लगता है। तभी तो विधानसभा और लोकसभा चुनावों में मत प्रतिशत निरंतर गिर रहा है। बहुत कम होता है कि कहीं ७०-७५ प्रतिशत या इससे अधिक वोट पड़े हों। ऐसा तभी होता है जब लोग कुशासन से दुखी हो गए हों और उस निकम्मी सरकार के खिलाफ वोट देने के लिए आगे आएं। ऐसा नहीं होता कि वे दूसरे दल के पक्ष में वोट डालने आगे आए हों। इसका साफ सा कारण है कि जनता के पास आज अच्छा विकल्प ही नहीं बचा है।

कई राज्यों में विधानसभा के चुनाव में बड़ी मुश्किल से ५० से ६० प्रतिशत या इसके थोड़ा ऊपर-नीचे मत पड़ रहे हैं। पचास फीसदी वोट पांच छह राजनीतिक दलों और निर्दलीय प्रत्याशियों में बंटते हैं। सत्ताधारी दल के हिस्से बड़ी मुश्किल से १५-२० फीसदी लोगों का समर्थन आता है। इसका अर्थ यह हुआ कि सरकार मात्र

२० प्रतिशत लोगों की मर्जी से चल रही है। ८० प्रतिशत या तो सरकार के साथ नहीं हैं या फिर उसके खिलाफ हैं। चुनाव की मत प्रतिशतता के संदर्भ में एक पूर्व चुनाव आयुक्त की टिप्पणी में कोई तर्क नहीं है कि मतदान न करने वालों के खिलाफ कार्रवाई का प्रावधान होना चाहिए। उक्त सेवानिवृत्त अधिकारी को चाहिए कि वह जनता के बीच जाएं और उनकी हालत देखें। उनके दर्द को सरकार तक पहुंचाएं कि आखिर वे मतदान क्यों नहीं करना चाहते? उनका विश्वास लोकतंत्र से क्यों उठ गया है? उसको वापस लाने के क्या तरीके हैं? ऐसा मामला वह सरकार से उठा सकते हैं। यह एक बहुत अच्छा कदम होगा। अन्यथा मत न देने वालों के खिलाफ एकतरफा कार्रवाई करने की कोई वजह नजर नहीं आती।

आम जनता की पीड़ा किसने जानी? यह तो बात हो रही थी वोट न देने वालों की। जिन्होंने मतदान में बढ़-चढ़कर हिस्सा लिया होता है, वे भी पीड़ित रहते हैं। चुनाव जीतने के बाद लोगों के वर्ग बना दिए जाते हैं। चुनाव चाहे पंचायत का हो, विधानसभा का हो या फिर संसदीय। विजयी प्रत्याशी हमेशा यह देखता है कि उसके पास आया फरियादी किस पार्टी का है? किस जाति से संबंध रखता है? किस क्षेत्र से आता है? उसका धर्म क्या है? कहीं अपनी ही पार्टी के विरोधी गुट का समर्थक तो नहीं है। यदि इनमें से एक भी कारण उसे लगता है तो वह फरियादी पांच साल तक घुटने रगड़ता रहता

है, पर उसका कोई भी काम नहीं होता। वह तथा उसका परिवार पूरी तरह से टूट जाता है। चुने हुए नाम के जनप्रतिनिधियों का व्यवहार देखिए। आम लोग अपने प्रतिनिधि के पास जाकर नमस्ते करते हैं, उसके पांव छूते छूते हैं, उसको फूलों के हार से लाद देते हैं। पर नेता साहब नमस्कार का जवाब देना भी अपनी शान के खिलाफ समझते हैं। नेताओं को लगता है कि वे श्रेष्ठ हैं और उनके पीछे दौड़ने वाले लोग कीड़े-मकौड़े। चार-साढ़े चार साल तक यही क्रम चला रहता है। अगला चुनाव नजदीक आते देख नेता जी का दिमाग थोड़ा ठिकाने आने लगता है, पर तब तक बड़ी देर हो चुकी होती है। उसके बाद नया चुनाव होता है। इसमें जनता को अपना हिसाब बराबर करना होता है। परिणाम स्वरूप नए प्रतिनिधि का चुनाव होता है। यह सिलसिला कई दशकों से चल रहा है। जब तक हमारी लोकतांत्रिक व्यवस्था में कोई बड़ा बदलाव नहीं होता यह सब ऐसे ही चलता रहेगा। सत्ता का लाभ उठाते हैं मात्र ५-१० प्रतिशत लोग। ये लोग तिकड़मबाज होते हैं। किसी भी पार्टी की सरकार में वे अपना काम निकलवाना जानते हैं। चाहे पैसे देकर या दूसरे तरीकों से, उनके काम नहीं रुकते। पिसते हैं ९०-९५ फीसदी लोग। जिन्हें आम लोग कहते हैं।

हम अपनी लोकतांत्रिक व्यवस्थाओं पर बड़ा नाज करते हैं। पर हकीकत देखिए। हिमाचल प्रदेश की कुल जनसंख्या साढ़े

६८ लाख के आसपास है। हिमाचल में करीब ढाई लाख सरकारी कर्मचारी हैं। फौज और अर्द्धसैनिक बलों में प्रदेश के लाखों जवान सेवाएं दे रहे हैं। पेंशनरों को भी मिला दिया जाए तो यह आंकड़ा छह लाख से ऊपर नहीं जाएगा। इसके अलावा ठेकेदारी तथा दूसरा कारोबार करने वालों को भी इनमें शामिल कर लें तो सारे मिलाकर १० लाख तक मान सकते हैं। शेष ५८ लाख की आबादी बचती है। इनमें बेरोजगार, अति गरीब और गरीब परिवार भी शामिल हैं। राज्य सरकार के मंत्री और विधायक पांच साल तक कहते रहते हैं कि यही सरकार कर्मचारियों की सबसे हितैषी सरकार है। आज तक जो लाभ इस सरकार ने कर्मचारियों को दिए, वे किसी ने नहीं दिए। पंजाब के बराबर भत्ते देने की बात की जाती है। केंद्र सरकार की तरह वित्तीय लाभ देने की बड़ी-बड़ी घोषणाएं की जाती हैं। यदि वे ऐसा कर भी देते हैं तो इसका मतलब यह हुआ कि ५-६ लाख आबादी को फायदा पहुंचा रहे हैं। उनकी ही चिंता कर रहे हैं। पर बाकी ६० लाख से अधिक लोगों का कौन है? उनके लिए क्या योजना है? हमें सरकारी कर्मचारियों के वोट ही क्यों दिखते हैं? क्या ये ५-६ लाख कर्मचारी और पेंशनर बाकी ६० लाख की आबादी से बड़े हो गए? पर चूंकि कर्मचारी नेता अकसर समाचार पत्रों में छाए रहते हैं, इसलिए भी उनका दर्द सबसे अधिक दिखता है।

सरकारी कर्मचारियों में भी बहुत भेदभाव है। अफसरों को एक-एक डेढ़-डेढ़ लाख तक वेतन दिया जा रहा है। पता नहीं क्यों? दूसरी तरफ अनुबंध पर भर्तियां हो रही हैं। उनको मात्र ७-८ हजार मिल रहे हैं। उन्हीं के बराबर पदों पर बैठे और उनसे कम काम करने वाले पुराने कर्मचारियों को ७-८ गुणा अधिक वेतन दिया जा रहा है। अनुबंध पर लग रहे कर्मचारी सीनियरों से कहीं अधिक अच्छी शैक्षणिक योग्यता वाले आ रहे हैं, पर वेतन में उनसे कई गुणा पीछे होना बहुत अखरता है। सरकार के पास एरियर का भुगतान करने को पैसे नहीं हैं। हिमाचल में पीटीए शिक्षकों को कई-कई माह तक मानदेय नहीं मिलता है। ऐसे लोग कैसे चलाएं अपने परिवार? और तो और धर्मशाला में एक बेरोजगार को ५७ साल की उम्र में नौकरी मिली। वहीं दूसरे को ५६ साल की आयु में अनुबंध पर कच्ची नौकरी लगी। ५० पार कर चुके ऐसे ढेरों उदाहरण हैं। यह सब क्या है? यह हमारी प्रशासनिक व्यवस्थाओं की बहुत बड़ी विफलता है। जबसे देश आजाद हुआ हम लंबे रन की योजना बना ही नहीं पाए।

हम गहराई में जाएं तो पाएंगे कि आज देश-प्रदेश की किसी को भी चिंता नहीं है। सभी नेता अपनी जेबें भरने में लगे हुए हैं। अपने लिए हर बड़े शहर में बंगले और फ्लैट खड़े करने की फिक्र है। लाल बहादुर शास्त्री जैसे प्रधानमंत्री कहां से लाएं? शांता कुमार, वाईएस राजशेखर रेड्डी, माणिक सरकार, मनोहर परिकर, वीएस

अचुत्यानंदन, पीके चामलिंग, नवीन पटनायक और ममता बनर्जी जैसे मुख्यमंत्री हर राज्य में पैदा नहीं हो सकते। बड़ा गंभीर विषय है दोहरा चरित्र। भूमाफिया, जमाखोरी और कमीशनखोरी ने देश की जड़ें खोखला कर दी हैं। जो रात को ठेकेदारों से लाखों-करोड़ों की कमीशन खा रहे हैं, वे ही सुबह भ्रष्टाचार के खिलाफ रैलियां कर रहे हैं और घंटों रास्ते जाम कर आम आदमी की मुश्किलें और बढ़ा रहे हैं। जनसभाओं में लंबे-लंबे भाषण देकर लोगों को ठगा जा रहा है। सत्ताधारी परिवार के सारे लोग कमाई में लगे हुए हैं। मंत्री, उनके बेटे-बेटियां, दामाद और परिजन दोनों हाथों से लगे हुए हैं। देखा जाए तो सिर्फ सेना में ही देशभक्ति बची है। वह भी सभी में नहीं। सेना में भी भ्रष्टाचार घुस गया है। तभी तो सेना के कई अफसर भ्रष्टाचार के आरोपों में फंसे हैं।

न्यायालयों में भ्रष्टाचार के मामले सामने आना एक बड़ी चुनौती है। सर्वोच्च न्यायालय को खुद ऐसे भ्रष्ट न्यायाधीशों पर कार्रवाई करनी पड़ी है। संसद में कलकता हाईकोर्ट के जज केखिलाफ महाभियोग तक चलाना पड़ता है। कौन भूल सकता है पंजाब के उन चार भाइयों को जो हत्या के आरोप में सजा काटकर बाहर आए। जब उनकी सजा पूरी हुई तो बाद में पता चला कि जिस व्यक्ति की हत्या के आरोप में उनको सजा हुई थी, वह जिंदा था। प्रभावी लोग पैसे के बल पर न्यायालय के फैसलों पर असर डाल

रहे हैं। फिर भी न्यायालय ही बचे हैं, जहां से आम आदमी को उम्मीद है। सर्वोच्च और उच्च न्यायालयों के आदेश पर ही कई प्रभावशाली भ्रष्टाचारियों और उद्योगपतियों के खिलाफ कार्रवाई हो रही है। अफसोस की बात है कि केंद्र तथा राज्य सरकारों का काम भी न्यायालय ही कर रहे हैं।

हिमाचल प्रदेश की २०१०-२०११ में प्रति व्यक्ति आय ५८४९३ आंकी गई है। इसमें १६.१४ फीसदी की वृद्धि दर्ज की गई। अर्थ व्यवस्था में ९.० प्रतिशत विकास दर का अनुमान लगाया गया। मुख्यमंत्री ने आर्थिक सर्वेक्षण की रिपोर्ट विधानसभा में रखी। आम आदमी को इससे कुछ नहीं लेना-देना कि प्रति व्यक्ति आय कितनी रही। उनको तो रोटी चाहिए।

आज एक ईमानदार तानाशाह की जरूरत दिखती है। ऐसा तानाशाह जो १०-१५ साल तक देश पर ईमानदारी और निष्पक्षता से राज करे तथा जो भी गंद पड़ गया है, उसे सुनियोजित तरीके से साफ करने के बाद सत्ता छोड़ दे। उसके बाद संसदीय प्रणाली की बजाय अमेरिका की तरह राष्ट्रपति का चुनाव सीधे जनता से करवाया जाए। ऐसे में हम कुछ अच्छा होने की आस पाल सकते हैं। परिस्थितियां विकट हैं। आज तक हमारे संविधान में कई संशोधन हुए। पर जो कुछ भी हमने किया, वह पर्याप्त नहीं दिखता। अब संविधान में संशोधन नहीं, संविधान को ही बदलने की जरूरत

दिखती है। अन्यथा जिस देश की ८० करोड़ यानी दो-तिहाई जनसंख्या भूखी मर रही है। उसके लिए क्या करना ऐसा संविधान और क्या करनी ऐसी अव्यवस्था।

अजीब विडंबना है। महंगाई से हर कोई त्रस्त है। जबकि अनाज गोदामों में सड़ रहा है। अनाज के रखरखाव पर सरकार को लाखों-करोड़ों रुपए खर्च करने पड़ रहे हैं। उधर किसानों की दुर्दशा देखिए। सारा साल मेहनत करने के बाद जब कमाई की बारी आती है तो खरीददार ही नहीं मिल रहे। अनाज खेतों में सड़ते देखता है लाचार किसान। सरकार की ठोस नीति के अभाव में फसल भूसे के भाव बेचनी पड़ती है। कर्जदार किसान आत्महत्या के सिवाय कुछ नहीं कर सकता। गोदामों में पड़े अनाज के स्टाक को निकाला जाए तो महंगाई की गति में कमी आएगी। महंगाई कम होने से देश के हर नागरिक को राहत मिलेगी। जब गोदामों से पुराना अनाज निकलेगा तो सरकार किसानों से नई पैदावार खरीदने की स्थिति में होगी। इससे किसानों की मेहनत भी बर्बाद नहीं जाएगी। कर्ज का मारा कृषक अपने सिर से ऋण उतरवा सकेगा। सिर उठाकर नई फसल की बिजाई के बारे में सोच सकेगा। किसानों की आत्महत्याएं रुकेंगी। परिवार उजड़ने से बचेंगे। उसके लिए केंद्र सरकार के पास इच्छा शक्ति और अच्छी नीति होनी चाहिए। वर्तमान में हो सब उल्ट रहा है। ऐसे में कैसे बन गए हम विश्व का सबसे बड़ा लोकतंत्र?

सरकारी कार्यालयों में निकम्मापन

शाहिद सरकारी दफ्तरों में निकम्मेपन से हमेशा निराश रहा। उसने अपने जीवन में अनेकों विषमताएं देखीं। वह कभी-कभी यह सोचता कि क्या उसके साथ ही इस तरह का दुर्व्यवहार हुआ होगा या दूसरे लोगों केजीवन में भी ऐसा बुरा समय आया होगा। वह अपने मन को मनाने की बड़ी कोशिश करता, पर हर बार फेल हो जाता। बड़ी गुणा-भाग के बाद वह इस निष्कर्ष पर पहुंचता कि उसके साथ कुछ ज्यादा ही हुआ है। शाहिद सरकारी अधिकारियों और कर्मचारियों के रवैये पर बड़ा चिंतन करता। वह सोचता कि जिस तरह से आम जनता के लिए इतने विभाग बनाए गए हैं और कर्मचारी उनकी सेवा के लिए रखे गए हैं। उनका जनता के प्रति व्यवहार बहुत ही निम्न स्तर का रहता है। उसे अपने जीवन के कई ऐसे किस्से याद आते, जो घोर सरकारी लापरवाही का उदाहरण थे। उसे कई बार ऐसा लगता कि सरकार और सरकारी

कर्मचारियों में ज्यादा अंतर नहीं है। दोनों हैं जनता की सेवा के लिए, पर जनता से दोनों की कितनी दूरी रहती है, यह कोई भी भुगतभोगी आसानी से बयां कर सकता है।

शाहिद एक बार शिक्षा निदेशालय शिमला गया। वहां उसकी एक रिश्तेदार शिक्षक के तबादला आदेश आए थे। यह आदेश एक

विधायक की मिन्नत करने के बाद जारी हुए थे। हालांकि तबादला एक बड़े ही पिछड़े क्षेत्र कांगड़ा के बड़ा भंगाल में किया गया था। यह तबादला राजनीतिक बदले की भावना से एक मंत्री ने करवाया था। शिक्षक पर आरोप था कि वह कांग्रेस से जुड़ीं हैं या उसके परिवार की बैक ग्राउंड कांग्रेसी है। भाजपा सरकार बदलते ही उसका तबादला कर दिया गया, सजा के रूप में। यह दिखाने के लिए कि हमारे में कितनी पावर है। लगभग दो महीने तक घर में बैठने के बाद साथ लगते क्षेत्र के विधायक ने यह तबादला आदेश रद करवाकर बड़ा भंगाल से अपने हलके में बदली करवा दी थी। मुख्यमंत्री की मंजूरी के बाद भी काम लटका हुआ था। अब फाइल शिक्षा निदेशालय में पहुंच गई थी। क्लर्क ने आर्डर आगे शिक्षा उप निदेशक धर्मशाला को भेजने थे। शाहिद तबादले की प्रति लेने के लिए १०.२५ बजे आफिस गया। उसने देखा कि एक कमरे में दस कुर्सियां लगी थीं। उनमें से दो क्लर्क बैठे थे और बाकी सारी खाली थीं। दस बजे आफिस का काम शुरू होने के बावजूद यह हाल था। उसके लिए राहत की बात यह थी कि जिस क्लर्क के पास उसे जाना था, वह आ गया था। शाहिद क्लर्क के पास गया और उसे अपना काम बताया। क्लर्क ने उसे जवाब दिया कि इतनी जल्दी कैसे मिलेगी आपको तबादला आदेश की कापी। अभी तो साढ़े दस ही बजे हैं, ११ बजे तक आओ। जिसके पास अलमारी की

चाबी है, वह अभी नहीं आया है। शाहिद यह सुनकर हैरान रह गया। उसने अपनी मजबूरी बताते हुए विधायक का हवाला दिया। उससे क्लर्क थोड़ा लाइन पर आया और कहने लगा कि चलो आप १०.४५ तक आओ। इससे पहले आपका काम नहीं होने वाला। और वैसा ही हुआ।

शाहिद को इस बात का बड़ा दुख लगता कि कैसे राजनीतिक पहुंच का लाभ उठाकर कई कर्मचारी मजे कर रहे हैं। उनको दफ्तर आने-जाने के टाइम से ज्यादा वास्ता नहीं रहता। न भी आएं तो दूसरे दिन आकर हाजिरी लगा दी जाती है। कर्मचारी नेता बने हुए हैं। जो कर्मचारी उनकी पसंद का न हो, उसे दूरदराज या पिछड़े क्षेत्रों में फेंकवा दिया जाता है। चाहे वह अपने काम के प्रति कितना भी ईमानदार क्यों न हो। सरकारी कार्यालयों में महिला कर्मचारियों से दुर्व्यवहार किया जाता है। कई बार उनको मानसिक शोषण का भी शिकार होना पड़ता है। तबादले के डर के मारे वे अपना मुंह नहीं खोल पातीं। साहबों की लालबत्ती वाली गाडियां उनके बीवी-बच्चों को ढोने में लगी होती हैं। उनके ऊपर किसी का चेक नहीं है। किसी भी कार्यालय में चले जाओ, बिना जान-पहचान या रिश्वत के काम नहीं होता। अस्पतालों में जाकर देखो। बहुत कम डाक्टर हैं, जिनका मरीजों से अच्छा व्यवहार रहता है। नहीं तो धक्के खाने पड़ते हैं। शिष्टाचार और संवेदना का तो जैसे नाम ही रह गया है।

बैरियरों पर रिश्वत देकर आप कितने भी लाखों-करोड़ों का सामान अवैध रूप से ले जाइए। यदि आपके पास सब कुछ ठीक है तो भी परेशान होना ही पड़ेगा। आज आधा दर्जन वेतन आयोगों की रिपोर्टें लागू होने के बाद सरकारी कर्मचारी कम से कम २०-२५ हजार से लेकर एक लाख या इससे भी ऊपर तक का वेतन ले रहे हैं। पर उनका हाल देखिए। बसों में बैठेंगे तो कि राया देना मुसीबत लगता है। दो-दो रुपए के लिए कंडक्टरों से लड़ते हैं। शाम को पार्टी में जाकर हजार-१२ सौ की दारू उड़ा देंगे। पर पूरा किराया नहीं देना। विकास कार्यों का सीमेंट साल-छह महीने बाद उखड़ना शुरू हो जाता है। उनमें कितना भी सीमेंट-सरिया क्यों न लगा हो। जब तक ५-१० हजार रुपए पास करने वाले इंजीनियर की जेब में नहीं चले जाते, वह काम पास नहीं होता। अब तो कमीशन प्रतिशत में तय हो गई है। कुल विकास राशि का ५ प्रतिशत तो चाहिए ही। यह एक तरह से परंपरा बन गई है। शाहिद को इस सब से बड़ी पीड़ा होती थी। इससे वह विचलित हो जाता। उसे लगता कि मेरी पीड़ा करने का क्या मतलब है? यदि होता तो आज उसे आत्महत्या करने को विवश नहीं होना पड़ता।

वह घूम-फिरकर इसी निर्णय पर पहुंचता कि इस मृत्युलोक में जीना ही बेकार है। छोड़ो सब। जिसे जैसे मस्ती मारनी है, मारने दो। मैं तो जा रहा हूं। मुझे तो छुटकारा मिल ही जाएगा। शाहिद

ने बचपन से लेकर बहुत भेदभाव सहन किया था। जब स्कूल में पढ़ता था तो उसकी टक्कर उन मास्टरों के बच्चों से होती थी जो उसी या उसके आसपास के स्कूल में पढ़ाते थे। उसे कई बार लगा कि वार्षिक परीक्षा परिणाम, भाषण प्रतियोगिता तथा किसी खेल स्पर्धा में भाग लेने को लेकर उसे जबरदस्ती नीचा दिखाया गया। परीक्षा परिणाम में कुछ अध्यापकों ने जान बूझकर उसे कम अंक दिए ताकि वह कक्षा में टाप न कर सके। यही हाल खेलों तथा दूसरी प्रतियोगिताओं का रहा। शिक्षकों के बेटे-बेटियों को बिना किसी ट्रायल के प्रतियोगिता में शामिल कर लिया जाता जबकि शाहिद की बारी आती तो उसका ट्रायल लिया जाता और उसकी क्षमता में कोई-न-कोई मीन-मेख निकालकर उसे बाहर कर दिया जाता या उसको मानसिक रूप से कमजोर करने की कोशिश होती। जब वह धर्मशाला कालेज में पढ़ता था तो भाषण प्रतियोगिता होने जा रही थी। इस स्पर्धा के लिए स्क्रीनिंग टेस्ट रखा गया था। शाहिद ने भी भाषण लिखा और चला गया। स्क्रीनिंग कमेटी में कालेज के ५-६ शिक्षक बैठे थे। शाहिद को भाषण देने वाले छात्रों में शामिल नहीं किया गया। उनमें एक ऐसे छात्र का चयन किया गया जो उस कमेटी को चाय-पानी पिलाता रहा। उसका टेस्ट ही नहीं लिया गया। शाहिद ने ऐसा बहुत सहा।

उसे कई बार लगता कि जैसे भाग्य ही उसके साथ नहीं है। जब

उसका बीए फाइनल का रिजल्ट आया तो उसमें अंकों का टोटल ही गलत किया गया था। इससे पहले उसका रिजल्ट ही लेट कर दिया गया था, जबकि वह बीए द्वितीय साल में अच्छे अंकों के साथ पास हुआ था। उसकी कंपार्टमेंट वगैरा नहीं थी ताकि रिजल्ट देने में कोई रुकावट बनती। फीस भी समय पर दे गई थी। अब रिजल्ट क्यों लेट हुआ? इसके पीछे विश्वविद्यालय की लापरवाही के अलावा और कोई कारण नहीं था। बाद में जब रिजल्ट आया तो अंकों का जोड़ ही ठीक नहीं था। करीब दो माह की भाग-दौड़ के बाद यह गलती सुधर पाई थी। इससे शाहिद कई प्रतियोगी परीक्षाओं के लिए आवेदन नहीं कर पाया। उसने जब पत्राचार से दो साल बाद एमए किया तो सर्टिफिकेट में उसका विषय ही और लिख दिया। यह यूनिवर्सिटी की घोर लापरवाही थी।

जब वह यूनिवर्सिटी में इस गलती को ठीक करवाने गया तो संबंधित डीलिंग हैंड क्लर्क कालेज छात्रा से बात करने में व्यस्त था। क्लर्क ने छात्रा को अपने मुंह के पास बैठाया था और बड़ी लगने से गपशप में मशगूल था। क्लर्क ने जैसे ही शाहिद को देखा तो गुस्से में बोला कि अंदर कैसे आ गए तुम? शाहिद ने अपने सर्टिफिकेट पर गलती का जिक्र किया तो क्लर्क ने उसे जवाब दिया कि देख नहीं रहे हो मैं अभी व्यस्त हूं, तुम बाहर खिड़की से लाइन में आओ। इस बीच दरवाजे पर खड़ा सिक्योरिटी का जवान भी

आ गया और क्लर्क ने गार्ड से शाहिद को बाहर भेजने को कहा। शाहिद ने गार्ड से सवाल किया कि देखो लड़की को तो उसने कुर्सी पर बैठा रखा है और मुझे खड़ा भी नहीं होने दे रहा। कमरे में बाकी क्लर्कों के पास भी छात्र-छात्राएं खड़े थे। गार्ड ने कमरे के बाहर आकर शाहिद को बताया कि ये सारे खास आदमी हैं। खास आदमी ही अंदर आ सकते हैं। जिनकी कोई जान-पहचान नहीं है, वे सारे बाहर लाइन में लगे हैं। यह वाकया शाहिद को भीतर तक चोट कर गया। शाहिद ने यह सोचकर ही अपने-आप को शांत कर दिया कि इस देश का तो रब ही राखा है।

शाहिद ने इस बीच राज्य प्रशासनिक सेवा के लिए आवेदन भरा। जब उसने आवेदन किया तो वह यह देखकर हैरान रह गया कि आरक्षित वर्गों के छात्रों के लिए फीस में ५० प्रतिशत तक छूट थी। इन आरक्षित वर्गों में उसके कई ऐसे मित्र लोग थे, जिनकी राष्ट्रीय उच्चमार्गों पर दो-दो तीन-तीन मंजिला कोठियां थीं। और वे सब अनुसूचित जनजाति के कोटे में थे। दूसरे आरक्षित वर्गों के ऐसे कई उदाहरण थे, जिन्होंने घर में आने-जाने के लिए गाडियां तक रखी हुई थीं। पर उनको फीस में छूट मिल रही थी। अजीब विरोधाभास था। चूंकि शाहिद जनरल कोटे से था। इसलिए उसे पूरी फीस भरनी थी। जबकि शाहिद की हालत ऐसी नहीं थी कि वह फीस दे पाता। उसे लगता कि फीस में छूट तो उस जैसे लोगों को मिलनी चाहिए थी

जिनकी आर्थिक हालत ठीक नहीं थी। पर सोचने या लगने से क्या होता है? शाहिद ने जैसे-तैसे मजदूरी कर कमाए पैसों में से २२० रुपए फीस भरी। उसने यही सोचकर मन को मना लिया कि चलो खैर।

वह सब भुलाकर प्रशासनिक सेवा परीक्षा की तैयारी में जुट गया। उसे थोड़ा विश्वास हो गया था कि वह निकल जाएगा। इसके लिए वह दिन-रात मेहनत करने लगा। उसकी तैयारी काफी अच्छी चल रही थी। पर एक दिन उसे पत्र आया, उसने सब पर पानी फेर दिया। लोक सेवा आयोग ने लिखा था कि आपका आवेदन रद कर दिया गया है। क्योंकि डेढ़ साल पहले निर्धारित डेट तक उसकी आयु २१ साल नहीं हुई थी। शाहिद को यह बड़ा अटपटा लगा कि डेढ़ साल पहले की आयु क्यों गिन रहे हैं। वर्तमान में तो वह २१ साल को हो गया था और जब तक मुख्य परीक्षा और इंटरव्यू होने थे, तब तक उसकी उम्र २३ साल से भी अधिक हो जानी थी। बड़ी मुश्किल से शाहिद ने अपने दिल पर पत्थर रख लिया। पर इसमें शाहिद के लिए एक बात बड़ी अजीब थी। उसका आवेदन तो रद कर दिया गया था, पर उसने जो मेहनत-मजदूरी के पैसे से फीस भरी थी, उसका लोक सेवा आयोग के पत्र में कोई जिक्र नहीं था। उसे यह लग रहा था कि यदि आवेदन अस्वीकार हो गया तो फीस क्यों स्वीकार कर ली गई थी? शाहिद ने लोक सेवा आयोग के दफ्तर में पता करवाया

तो बताया गया कि आवेदन रद करने के साथ फीस वापस करने का कोई प्रावधान नहीं है। क्या घटिया व्यवस्था है? शाहिद ने कई लोगों से इस मामले में चर्चा भी की कि ऐसे-ऐसे हो गया। उसे यह बताया गया कि आयोग वाले फीस वापस नहीं देते। हैरान-परेशान शाहिद को यह लगता कि मजदूरी के कमाए मेरे पैसे आयोग क्यों खाए? काफी कोशिशों के बाद उसने अपने आप को संभाला। यह सोचकर कि यह विश्व का सबसे बड़ा लोकतंत्र है। यहां कदम-कदम पर ऐसी ही अव्यवस्थाएं हैं।

अधीनस्थ सेवाएं चयन बोर्ड ने तो जैसे हद ही कर दी। आबकारी एवं कराधान निरीक्षक के पदों को भरने के लिए मुख्य परीक्षा के बाद साक्षात्कार हुए थे। बोर्ड ने अंतिम सूची जारी करते समय जनरल कोटे की तीन सीटें भी अन्य पिछड़ा वर्ग को दे दी थीं। इसके पीछे यह कारण बताया गया कि अपने खास उम्मीदवारों को एडजस्ट करने के लिए ऐसा किया गया। बोर्ड के कुछ अधिकारी इसके लिए जिम्मेदार बताए गए। बाद में पीड़ित अभ्यर्थियों ने इस मामले की शिकायत हाईकोर्ट में की। हाईकोर्ट ने इन नियुक्तियों को अवैध बताया। उसके बाद यह मामला सुप्रीम कोर्ट तक पहुंचा। पर अंधेरगर्दी देखिए। अधीनस्थ सेवाएं चयन बोर्ड पर किसी का चेक क्यों नहीं है? क्या यह सब नेताओं की शह पर हो रहा है? यदि हां, तो यह हमारे लिए बड़ी गंभीर चिंता का विषय होना चाहिए। ऐसे

में निष्पक्षता की उम्मीद किससे रखें? ऐसे हालात में आम आदमी कहां इनसाफ मांगे?

सीमा विवादों और बढ़ते परमाणु हथियारों से चिंतित

शाहिद बेशक आत्महत्या को मजबूर हो गया था, पर उसने कभी अपनी राष्ट्रीय-अंतरराष्ट्रीय हित की सोच नहीं छोड़ी। वह बचपन से ही उस सोच का बोझ लिए था। बचपन मतलब, जबसे उसने होश संभाला था। वह कई बार इससे व्यथित भी हो जाता कि दुनियादारी जाए पहाड़ में। पर दो-चार दिन में अपने मन को जैसे-तैसे स्थिर करने की कोशिश करता। फिर वही विचार उसके मन में आ घुसते। वह चाहते हुए भी उनसे दूर न जा पाता।

वह भारत के विभाजन के समय से ही सोचता। देखो इस देश का विभाजन ही संप्रदायों के नाम पर हुआ। १९४७ में जब भारतवर्ष आजाद होने जा रहा था तो दो स्वार्थी नेता प्रधानमंत्री की कुर्सी के लिए टकरा गए। मसलन देश टूटा। मुस्लिमों के नाम पर पाकिस्तान बना। एक तो ऐसा बिखराव होना ही नहीं चाहिए था। यदि चलो दूसरा कोई चारा नहीं था तो कम से कम तरीके से बंटवारा होता। उस समय भारत और पाकिस्तान में हिंदू-मुस्लिमों का बड़े पैमाने पर हुआ पलायन आज भी शाहिद के मन पर चोट करता। उस समय जो बर्बरता दोनों ओर से हुई, वह दुखदायी थी। पाकिस्तान

से हिंदुओं को भागना पड़ा और यही वाकया भारत में मुस्लिमों के साथ हुआ। पर यह भी बिना किसी योजना के किया गया। आज भी लाखों हिंदू पाकिस्तान में अल्पसंख्यक बनकर रहे रहे हैं। भारत में भी आबादी का करीब पांचवां हिस्सा मुस्लिम हैं। सबसे बड़ा नासूर कश्मीर समस्या है, जो आज तक लाखों की जान ले चुकी है। आगे कितना विनाश होगा, अनुमान नहीं लगा सकते। दोनों देशों के बीच दो घोषित युद्ध और कई अघोषित लड़ाइयां हो चुकी हैं। और अंदरखाते यह संघर्ष चल ही रहा है। दोनों देशों में करोड़ों लोग भूखे हैं, बेरोजगार हैं, अशिक्षित हैं, अस्वस्थ हैं। पर बजाय उनके हित में कोई योजना बनाने के कश्मीर पर अरबों का बजट हर साल खर्च किया जा रहा है। सैनिक शहीद हो रहे हैं। युवा सुहागिनें विधवा हो रही हैं। बुजुर्ग मां-बाप अनाथ हो रहे हैं। बेरोजगारी और भूख के मारे युवाओं को पैसे देकर आतंकवादी बनाकर भेजा जा रहा है। उम्मीद नहीं कि आगे भी जाकर यह समस्या हल हो पाएगी। दोनों देशों के नेतृत्व में अक्षमता है, हठ है। बड़े मान मनौव्वल के बाद दोनों देश चर्चा शुरू करते हैं। विदेश सचिव मिलते हैं। विदेश मंत्री चर्चा करते हैं। बीच-बीच में प्रधानमंत्री स्तर पर भी चर्चा होती है। फिर एक विस्फोट हो जाता है और बातचीत ठप हो जाती है।

दोनों देश बाकी मुद्दों को पीछे छोड़कर सीधे कश्मीर पर आ जाते हैं। भारत बोलता है कि पूरा कश्मीर मेरा है, पाकिस्तान अधिकृत

कश्मीर भी इसे दे दिया जाए। यही हठ पाकिस्तानी करते हैं। बात फिर रुक जाती है। आज हालात वैसे नहीं रहे, जैसे १९५० के आसपास थे। पिछले ६० साल के इतने लंबे अरसे में अगर यह समस्या हल हो गई होती तो बहुत अच्छा होता। आज दोनों देशों ने परमाणु बम तक बना लिए हैं। दोनों दक्षिण एशियाई देश इतने आगे निकल आए हैं कि देश की राजनीति का एक अहम हिस्सा बन गया है क श्मीर। कई ऐसे कट्टरपंथी संगठन पाकिस्तान में काम कर रहे हैं जिनका जन्म ही कश्मीर में हिंसक वारदातें करवाने के लिए हुआ है।

ऐसे में भारत यह उम्मीद कैसे करे कि पाकिस्तान के कब्जे वाला हिस्सा भी उसे मिल जाएगा। हजारों सैनिक तथा खरबों रुपए गोले-बारूद पर लगा चुकी पाकिस्तानी सेना पीओके से पीछे कैसे हट जाएगी। दोनों देशों की आबादी का आधे से अधिक हिस्सा बुरी जिंदगी जी रहा है। पर दुख की बात है कि दोनों ओर सत्ता में बैठे बड़े नेता पैसे कमाने में लगे हैं। नियंत्रण रेखा पर बंकरों में बैठे सैनिक का दर्द किसने जाना? सैनिकों के घर-परिवार में सुख-दुःख में उनके शामिल न हो पाने की पीड़ा दिल्ली या इस्लामाबाद की सरकारों में बैठे नेता महसूस नहीं कर सकते। दोनों तरफ आम जनता की पीड़ा कम, कश्मीर की ज्यादा है। यदि ऐसा नहीं होता तो परमाणु संपन्न राष्ट्रों में दो नाम और न जुड़ते। आज जरूरत इस

बात की है कि दोनों पड़ोसी पूर्व के नफा-नुकसान का जोड़-जमा छोड़कर अंतिम राय बनाएं और सीमा पर खर्च किए जा रहे खरबों रुपए देश के भीतर बेकारी, शिक्षा और स्वास्थ्य पर खर्च करें। यही दोनों के हित में होगा।

पाकिस्तान ही क्यों? जरा बाकी पड़ोसी देशों की हरकतों पर भी नजर दौड़ा लें। भारत के लिए दक्षिण में स्थिर हमारे से कई गुणा छोटा देश श्रीलंका हमें आखें दिखा रहा है। वहीं श्रीलंका जहां शांति की बहाली के लिए भारत ने अपनी सेना भेजी। आए दिन ऐसी खबरें पढ■-सुनने को मिल जाती हैं कि श्रीलंका की नौसेना ने तमिलनाडु के इतने मुछआरों को हिरासत में ले लिया या इतने को गोली मार दी या चेतावनी देकर भगा दिया। बांग्लादेश का तो जन्म ही भारत की सहायता से हुआ। आज लाखों-करोड़ों बांग्लादेशी असम-बंगाल सहित भारत के कई क्षेत्रों में अवैध रूप से घुस आए हैं। आ भी रहे हैं। बांग्लादेश असम में तीन दशक से हिंसा फैला रहे उल्फा कार्यकताओं की मदद करता रहा। उसने उल्फा के बड़े नेताओं को शरण दे रखी है। यहां तक कि भूटान भी उल्फा नेताओं को वहां शरण देता रहा। हालांकि अब उल्फा वाले लाइन पर आ रहे हैं और हिंसा थमी है।

बांग्लादेश के साथ सबसे बड़ी दिक्कत सीमा का निर्धारण न हो पाना है। सैकड़ों किलोमीटर सीमा अब भी अंतिम हस्ताक्षरों का

इंतजार कर रही है। इसे हम अपने और वहां के नेतृत्व की कमजोरी ही कह सकते हैं कि ४० साल बीत गए बांग्लादेश को बने हुए, अब तक सीमा विवाद हमने बाकी रखा हुआ है। कौन भुला सकता है बांग्लादेश रायफल्स की वह गोलीबारी, जिसमें सीमा सुरक्षा बल के १६ जवानों को शहादत झेलनी पड़ी थी। उन्होंने हमारे १६ जवान शहीद कर दिए थे। क्या कोई देश अमेरिका जैसे देश के साथ ऐसी हिमाकत कर सकता है? नहीं। अमेरिका पर अल कायदा ने २००१ में हमला किया था। उसने १० साल तक चले लंबे संघर्ष के बाद अल कायदा चीफ ओसाम बिन लादेन को पाकिस्तान में घुसकर मार गिराया। और वह भी पूरी योजना से। व्हाइट हाउस में बैठे अमरीकी राष्ट्रपति बराक ओबामा समेत उनका पूरा सीनियर स्टाफ उस हमले का लाइव प्रसारण देख रहा था।

नेपाल के साथ चूंकि हमारे पुराने सांस्कृतिक रिश्ते हैं। इसलिए वहां से लोगों का बिना पासपोर्ट-वीजा आना-जाना है। कई साल तक नेपाल की राजशाही के खिलाफ लड़े माओवादी आज नेपाल की बड़ी पार्टी हैं। पूर्व प्रधानमंत्री और माओवादी प्रमुख पुष्प कमल दहल प्रचंड ने भारतीय सीमा से सटे क्षेत्र में जनसभा कर खुलेआम कहा था कि भारत ने नेपाल के कुछ हिस्से पर कब्जा कर रखा है। इस पर हम क्या कहेंगे? यह सीधे-सीधे हमारे लिए चुनौती है। नेपाल में दो बार माओवादी सरकार बनी। बाबू राम भट्टाराई अपने नेता

प्रचंड की तुलना में उदारवादी माने जाते हैं। वह भारत में ही पढ़े-लिखे हैं। नेपाल में कुछ साल में ही आधा दर्जन प्रधानमंत्री बदल चुके हैं। यदि माओवादी पूर्ण बहुमत के साथ आते तो प्रधानमंत्री प्रचंड ही बनने थे। पर दूसरी पार्टियों का समर्थन प्रचंड को नहीं है। इस कारण नेपाल के मधेसी दलों ने भट्टाराई का साथ दिया था। प्रचंड के मुकाबले भट्टाराई ज्यादा स्वीकार्य हैं। दूसरे दल भी उनके नेतृत्व को ज्यादा अच्छा समझते हैं। भारत को चाहिए कि वह अपने सभी पड़ोसी देशों से लंबित मसलों पर गंभीरता से बातचीत शुरू करे तथा जो भी सीमा विवाद शेष हैं, उन्हें अब बिना देरी किए हल करने की दिशा में लग जाए।

चीन तो हमारा सबसे बड़ा और हमारे से ताकतवर पड़ोसी है। हमारे साथ एक बार युद्ध लड़ चुके इस देश का कश्मीर के बड़े हिस्से पर कब्जा है। कश्मीर का यह भाग उसे पाकिस्तान ने ही गिफ्ट किया है। चीन को खुश करने के लिए पाकिस्तान ने ऐसा किया ताकि उसका पक्ष मजबूत हो जाए और यह समस्या और पेचीदी हो जाए। चीन तो हमारे बहुत बड़े भू-भाग पर अपना हक जताता रहा है। अरुणाचल प्रदेश को तो वह मानचित्र में भी अपना ही हिस्सा बताता है। यहां तक कि अगर भारतीय प्रधानमंत्री या तिब्बती धर्मगुरु दलाईलामा अरुणाचल प्रदेश जाते हैं तो चीन को उस पर आपत्ति होती है। चीन की हजारों किलोमीटर लंबी सीमा

हमारे साथ लगती है। पर अफसोस है कि आज तक हम उस सीमा पर बने शक को नहीं निपटा पाए। जहां तक दलाईलामा की बात है, उनको शरण देने से चीन से हमारी दूरियां बढ़ी हैं।

चीन को लगता है भारत उसके विरोधी का साथ देकर उसे तोड़ने की कोशिश कर रहा है। हो सकता है तब के नेतृत्व ने यह सोचा हो कि तिब्बत को देश का दर्जा मिल गया तो हमारी सिरदर्दी कम हो जाएगी। पर हम सब जानते हैं कि इस ताकतवर वामपंथी शासित देश से तिब्बत को अलग करना अब संभव नहीं है। दलाईलामा तो अब खुद भी इस सच्चाई को स्वीकार करने लगे हैं। भारत ने अगर तिब्बतियों को अपने यहां शरण न दी होती तो दोनों देशों के संबंधों में इतना तनाव नहीं होता। हमें उसी समय चाहिए था कि तिब्बती शरणार्थियों का मसला संयुक्त राष्ट्र संघ में ले जाकर दलाईलामा को अमेरिका या फिर किसी यूरोपीय देश में शरण दिला देते। यह भारत के हित में रहता।

अच्छा भी हुआ, पर पर्याप्त नहीं

शाहिद ने जान देने से पहले देश में हुए कुछ कामों की तारीफ भी की। इनमें कुछ ये हैं-हम यह सोचकर निराश नहीं हो सकते कि भारत में अच्छे फैसले नहीं लिए गए। करीब छयासठ साल पहले आजाद हुए भारत में अच्छे नेता और जनसेवक भी हुए, जिनके दबाव और सुझाव से जनहित की नीतियां बनीं। इन्हें लोगों ने नजदीक से जाना। जनता की सराहना भी मिली। इनमें मनरेगा, अंत्योदय अन्न योजना, प्रधानमंत्री सड़क योजना और सूचना का अधिकार प्रमुख हैं।

जैसा कि सरकारी आंकड़े बताते हैं। हमारे देश की सवा अरब आबादी में से ८० करोड़ से ज्यादा लोग २० रुपए प्रतिदिन की आय पर गुजारा कर रहे हैं। राष्ट्रीय ग्रामीण रोजगार गारंटी योजना इनके लिए वरदान साबित हुई है। कुछ भी हो, इस योजना ने अति गरीब वर्ग में जीने की आस जगाई है। बहुत लोग ५०० या १००० का नोट सपने में ही देख सकते थे। आज उनको उम्मीद है कि कभी-न-कभी तो काम मिलेगा ही। गरीब लोगों में इस जनकल्याणकारी योजना को लेकर भारी उत्साह है। गरीब महिलाएं और बुजुर्ग बड़ी मेहनत से काम करते हुए देखे जा सकते हैं। राष्ट्रीय बजट का एक थोड़ा सा हिस्सा उनके तक भी पहुंचा है। उनको भी लगा है उस वर्ग

के लिए भी सरकार है। गरीबों ने पैसा देखा है। अति पिछड़े क्षेत्रों में विकास को गति मिली है, वह अलग। इसका सारा श्रेय संयुक्त प्रगतिशील गठबंधन सरकार (यूपीए) को जाता है। यूपीए ने भी शायद ही कभी सोचा होगा कि यह योजना इतनी चल निकलेगी। केंद्र में कांग्रेस नेतृत्व वाले इस गठबंधन सरकार के रिपीट होने के पीछे इस योजना का बड़ा हाथ रहा है। इसके लिए बधाई के पात्र हैं दिल्ली स्कूल आफ इकानामिक्स के बेल्जियम निवासी डा. ज्यां द्रेज। डा. द्रेज ने मनरेगा का स्वरूप तय करने में अपनी महत्वपूर्ण भूमिका अदा की है। आज देश के सबसे निम्न वर्ग के मन में आस है। चलो सरकारी नौकरी नहीं मिली तो कोई बात नहीं। मनरेगा तो है। सरकार को चाहिए कि इसके तहत साल में १०० दिन की बजाय २५० दिन का रोजगार दिया जाए और दैनिक भुगतान भी कम से कम २०० रुपए होना चाहिए।

बड़े दुख की बात है कि इस योजना में काफी भ्रष्टाचार हो रहा है। इस भ्रष्टाचार में वार्ड पंच से लेकर प्रधान के होते हुए बड़े अधिकारी तक गरीबों का हक खा रहे हैं। जो दिहाड़ी पर गया ही नहीं, उसके नाम पर भी मस्टररोल बन रहे हैं। एक आंकड़े के मुताबिक इस योजना का आधा बजट करीब २०००० करोड़ हर साल भ्रष्ट अफसरों की जेब में जा रहा है। यूपीए विरोधी दल यह मांग उठाते रहे हैं कि इस योजना को बंद कर दिया जाए। यह एक

राजनीतिक मांग है। भारत में भ्रष्टाचार कहां नहीं हैं। कई सांसदों पर केस हैं। तो क्या संसद को ही बंद कर देंगे? नहीं। दरअसल कांग्रेस को २००९ केलोकसभा चुनाव में मिले अनपेक्षित समर्थन की वजह यही योजना है। इस योजना को बंद करना एक गरीब की हत्या करने जैसा होगा। भाजपा नेता और पूर्व वित्त मंत्री रहे यशवंत सिन्हा ने भी ऐसी ही मांग की थी। अफसरशाह रहे सिन्हा को चाहिए कि वह एयर कंडीशनर गाड़ी से उतरकर गरीबों के चूल्हे तक जाएं। वहां जाकर देखें कि इस योजना से पहले उनकी क्या हालत थी? आज क्या है? अपने राजनीतिक स्वार्थ के लिए ऐसी मांग कतई जायज नहीं है। मनरेगा के बाद यूपीए सरकार का दूसरा बड़ा फैसला सूचना का अधिकार कानून बनाना है। आज भ्रष्टतम देशों की सूची में टाप कर रहे राष्ट्रों की दौड़ में भारत भी शामिल है। सूचना का अधिकार मिलने के बाद इस पर थोड़ा अंकुश जरूर लगा है। भाई-भतीजावाद फैलाने वाले नेताओं और अफसरों के मन में इस बात का डर हो गया है कि किसी ने आरटीआई लगा दी तो उसकी पोल खुल जाएगी। मात्र दस रुपए में लोगों को पावर मिली है। बीपीएल को मुफ्त में यह शक्ति मिली है। आजाद भारत के इतिहास में यह एक बड़ा फैसला है। इससे लिखित घपलों पर एक तरह से कंट्रोल हुआ है। इस नियम को बनाने में समाजसेवी अन्ना हजारे के आंदोलन का जिक्र करना जरूरी है। हजारे ने सूचना का

अधिकार की मुहिम छेड़ी थी। उन्होंने इसके लिए मुंबई के आजाद मैदान में अनशन किया। हजारे के १२ दिन के अनशन के बाद आरटीआई एक्ट पारित हो पाया। इसके महत्व के बार में बताने के लिए वह महाराष्ट्र में छात्रों और युवाओं से मिले। उसी ड्राफ्ट के आधार पर नेशनल राइट टु इन्फोरमेशन एक्ट २००५ बना। आज मनरेगा की तरह आम आदमी के पास ताकत है कि किसी के साथ धोखा हुआ तो आरटीआई का सहारा लिया जा सकता है। कुछ भी हो, यूपीए सरकार का यह भी एक बड़ा ही जनहितैषी निर्णय था। इसी तरह खाद्य सुरक्षा कानून यूपीए का यह एक और बड़ा कदम था।

यूपीए सरकार का एक अन्य कदम सराहनीय है। इसमें हर सांसद को अपनी निधि से हर साल १० लाख रुपए अपंगों पर खर्च करने की अनुमति दी गई है। इसके तहत हर सांसद सालाना मिलने वाली ५ करोड़ राशि में से अधिकतम १० लाख विकलांग व्यक्तियों की मदद पर खर्च पाएगा। इसके लिए आवेदन मुख्य चिकित्सा अधिकारी द्वारा मंजूर किए जाएंगे। हालांकि यहां भी सांसदों की भ्रष्टाचारी की संभावना बढ़ जाएगी। पर हम यह नहीं भूल सकते कि इससे उन लोगों को फायदा भी होगा, जिन्होंने इसकी कभी कल्पना तक नहीं की होगी। या जिनके लिए जीवन चुनौतीपूर्ण हो गया था। इस योजना में विकलांग व्यक्तियों के लिए तिपहिया साइकिल और

कृत्रिम अंग खरीदे जा सकेंगे। सरकार को चाहिए कि गंभीर रोगों से पीड़ित गरीब लोगों की मदद के लिए भी इसी तरह सांसद निधि से धन देने की व्यवस्था होनी चाहिए।

भाजपा नेतृत्व वाली राजग सरकार के समय भी इसी तरह से दो अच्छे निर्णय लिए गए थे। तत्कालीन खाद्य मंत्री शांता कुमार ने अंत्योदय अन्न योजना का शुभारंभ किया था। जब शांता कुमार ने उस योजना का प्रारूप तैयार किया था तो वित्त मंत्रालय इसके लिए तैयार नहीं था। इससे करीब २००० करोड़ रुपए का बोझ पड़ना था। इसके लिए तत्कालीन उपप्रधानमंत्री लाल कृष्ण आडवाणी के नेतृत्व में मंत्रियों का समूह गठित किया गया था। उस समूह ने भी शांता कुमार की अंत्योदय योजना को गरीब हितैषी बताते हुए उसे लागू करने की जरूरत बताई थी। बार-बार सब्सिडी आड़े आती रही। आखिरकार शांता कुमार ने प्रधानमंत्री अटल बिहारी वाजपेयी से दबाव बनाकर इस योजना को लागू करवा दिया था।

इस योजना के तहत गरीब लोगों को महीने में ३५ रुपए किलो अनाज देना शुरू किया था। इसके तहत दो रुपए किलो गेहूं और तीन रुपए किलो चावल दिया जाता है। उस समय करीब १० करोड़ गरीबों को इस योजना का लाभ मिला था। कांग्रेस अध्यक्ष सोनिया गांधी ने भी इस योजना की तारीफ की थी। उनके आग्रह पर इस योजना में करीब ५० लाख लोग और शामिल किए गए थे। राजग

सरकार के जाने के बाद भी संप्रग ने पुरानी कई नीतियों को बदल दिया था। पर यह योजना अब भी चल रही है। इतना ही नहीं अटल बिहारी वाजपेयी के जन्मदिन पर प्रधानमंत्री सड़क योजना का शुभारंभ देश के विकास में मील का पत्थर साबित हुआ। इससे ऐसी सड़कें कुछ ही माह में बनकर तैयार हो गईं, जिनका काम कई दशकों से रुका था। चूंकि सड़कें ग्रामीण क्षेत्रों की भाग्य रेखा होती हैं। इस योजना के बनने से कई पिछड़े गांव सड़कों से जुड़े थे। इससे गांवों से हो रहा पलायन रुका था। शहरों पर बढ़ रहे अत्यधिक दबाव पर भी थोड़ा विराम लगा था। हालांकि अब भी ऐसे कई क्षेत्र रह गए हैं जो सड़क सुविधा से वंचित हैं। पर इसका मुख्य कारण स्थानीय जनप्रतिनिधियों द्वारा किया गया भेदभाद्दव है। इसके पीछे दलीय, क्षेत्रवाद और जातिवाद की राजनीति जिम्मेदार है।

गिरता सामाजिक स्तर

समाज के गिरते चरित्र पर शाहिद बहुत दुखी था। उसने उस रात इस तरह निकाली भड़ास-हमारा चारित्रिक पतन हुआ है। सामाजिक स्तर गिर रहा है। समाज में जो इनसानियत का एक रिश्ता होता था, आज वह खत्म हो रहा है। इसकी जगह ब्वायफ्रेंड और गर्लफ्रेंड नाम का रिश्ता ईजाद हुआ है। बाप-बेटा एक साथ बैठकर शराब पी रहे हैं। लड़कियां नशा कर सरे बाजार हड़दंग कर रही हैं। पहले कपड़े पहनते थे शरीर को ढकने के लिए। आज शरीर दिखाने के लिए वस्त्र ओढ़े जाते हैं। पुरुष और स्त्रियां अपने संबंधों को दरकिनार कर अवैध रिश्ते रखने में ज्यादा अच्छा महसूस कर रहे हैं। एक ही खून के युवक-युवतियां प्यार-प्रेम के चक्कर में हैं। यहां तक कि चाचा, मामा और बुआ की लड़कियों से शादी हो रही है। इसे हम टेलीविजन और मोबाइल का असर कह सकते हैं। वे दिन गए, जब मान-मयार्दा को सबसे अधिक महत्व दिया जाता था। आज पैसे की जय है। चाहे वहीं कहीं से भी आए और कैसे भी आए। मानो न मानो यह सामाजिक पतन है।

हमारे अति सभ्य समाज में आज जो फ्रेंडशिप नाम का रिश्ता तैयार हो गया है, वह बड़ी ही चिंता का विषय है। पहले-पहल एक-

एक फ्रेंड का रिवाज चला। अब दो-दो या इससे अधिक हो गए हैं। लड़के ही नहीं लड़कियां भी फ्रेंड के बिना अपनी तौहीन समझने लगी हैं। स्कूल टाइम से ही यह रिवाज पड़ गया है। इसमें भी गंभीर मामला यह है कि बहुत कम लड़के-लड़कियां होते हैं, जो इस अवैध रिश्ते के लिए वफादार होते हैं। नहीं तो अधिकतर टाइमपास कर रहे हैं। कुछ साल या महीनों के बाद उनकी दोस्ती बिना किसी गिले शिकवे के खत्म हो जाती है। फिर नया फ्रेंड। अधिकतर ने दो-दो या इससे अधिक कंपनियों की मोबाइल सिम रखी हैं। एक ही युवक दो-तीन नामों से बात करता है। परिणामस्वरूप इस अनैतिक झांसे में फंसने वाली या फंसने वाले सही युवक-युवतियां बर्बाद हो रहे हैं। इसी कारण हम आए दिन समाचार पढ़ते-सुनते हैं कि फ्लां छात्र या छात्रा ने खुदकुशी कर ली।

इतना ही नहीं बाद में ऐसे नौजवान दूसरी जगह घर बसाने लायक नहीं रहते जो पहले से ही प्रेम संबंधों के चक्कर में पड़ जाते हैं। चाहे वे दूसरी जगर शादी कर भी लें। पर उनका ध्यान पुराने संबंध पर ही रहता है। इससे कई घर बिखर रहे हैं। कलह-क्लेश आम बात हो गई है। अधिकतर प्रेम-प्रसंग सामाजिक नियमों को पूरा नहीं करते। मसलन कभी जात का लफड़ा और कहीं कुंडली नहीं मिलती। बड़ी मान-मनौव्वल के बाद दोनों पक्ष राजी हो भी जाएं तो रिश्ते में वह मिठास नहीं रह जाती। शादी के बाद भी कई

जगह संबंध देखने-सुनने को मिलते हैं। इनका अंत भी एक दिन हत्या या आत्महत्या के रूप में सामने आता है। पति अपने पत्नी के प्रेमी की हत्या कर रहा है या वह पत्नी को मार रहा है। पत्नी की हत्या कर वह जेल चला जाता है और घर में मासूम अनाथ हो जाते हैं। जिंदगी भर बिना कसूर के ऐसे बच्चे धक्के खाने को छोड़ दिए जाते हैं। उनकी शिक्षा-दीक्षा ढंग से नहीं हो पाती। रिश्तेदार भारी मन से उनका बोझ तो उठा लेते हैं, पर वह बात नहीं बनती। ऐसे बच्चे बड़े होकर बचपन का दुख-दर्द नहीं भूल पाते और एक दिन वे अपराधी बन जाते हैं।

समाज में बढ़ती विषमताओं के लिए हमारी अव्यवस्थाएं भी कम दोषी नहीं हैं। युवाओं के पास रोजगार के साधन नहीं हैं। हर किसी की यही इच्छा रहती है कि थोड़ा स्टैंड होकर ही शादी करे। कोई स्टैंड हो भी गया तो फिर कुंडली नहीं मिलती। कुंडली मिल भी जाए तो गोत्र का लफड़ा। ये सारी बातें ठीक हो जाएं तो जाति की अड़चन। यही वजह है कि लड़कियों को ३० साल या इससे अधिक उम्र हो जाने के बाद भी अच्छे रिश्ते नहीं मिल रहे हैं। ३५ साल या इससे अधिक आयु बीत जाने के बाद कोई शादी कर भी ले तो इसके बाद कई दिक्कतें आगे उनके बच्चों केसामने आ रही हैं। आज के तनाव भरे जीवन में औसत आयु भी कम हो गई है। इसके चलते मां-बाप चाहते हुए भी अपने बैठे बच्चों के हाथ पीले

नहीं कर पा रहे हैं। इसी चिंता में मां-बाप चल बसते हैं। मजबूत नीतियों के अभाव में यह सब हो रहा है। इसके लिए हमारी सरकारें दोषी हैं। वे अमेरिका और यूरोपीय देशों की तरह लोंग टर्म के लिए नीतियां ही नहीं बना पाई हैं। कुछ भी हो आज का बच्चा और कल का नौजवान सुरक्षित नहीं हैं।

बुजुर्ग तो पूरी तरह से उपेक्षित हैं। बच्चे पढ़-लिखकर नौकरी लग जाएं तो उन्हें अपनी पत्नी, घर, गाड़ी और सुख-सुविधाएं ही नजर आती हैं। एक-एक बच्चा उन्हें पालना मुश्किल लगता है। एक ही पीढ़ी पहले बुजुर्गों ने ५-६ बच्चों के परिवार चलाए हैं। दिल्ली का ही उदाहरण ले लीजिए। राष्ट्रीय राजधानी की एक अदालत ने शहर के संभ्रांत व्यवसायी को अपने माता-पिता को देखभाल के लिए आदेश दिए। ऐसा पहली बार नहीं हुआ है। पिछले कुछ सालों में देश की कई अदालतों को ऐसे आदेश देने पड़े। साल २०११ की जनगणना के आंकड़े संकेत करते हैं कि २०२६ तक देश में बुजुर्गों की संख्या लगभग १७ करोड़ हो जाएगी। शहरों में ६४ फीसदी बुजुर्ग महिलाएं और ४६ फीसदी बुजुर्ग पुरुष पूरी तरह से दूसरों पर निर्भर हैं। कई ऐसे बुजुर्ग हैं, जिन्हें ओल्ड होम में रहने को छोड़ा गया है। कई बुजुर्गों के बच्चों ने तो उनकी देखभाल के लिए दिन बांट रखे हैं। देश में १० फीसदी बुजुर्ग पूरी तरह से अकेले हैं। कनाडा में बुजुर्गों की देखभाल करने वालों को कर में छूट तथा छह माह

के अनुकंपा अवकाश का प्रावधान है। अमेरिका ने अभिभावकों की देखभाल केलिए बुजुर्ग सहायता भत्ता चलाया है। भारत में मात्र ११ फीसदी लोगों के पास ही सेवानिवृत्ति के बाद आय के स्त्रोत हैं। हेल्पएज इंडिया के मुताबिक १० फीसदी बुजुर्गों तक सरकार की पेंशन योजना का लाभ नहीं पहुंच पाता है। ज्यादातर बीमा कंपनियां ६५ साल के बाद बीमा नहीं देतीं। पश्चिमी देशों में ८० साल तक इसकी व्यवस्था है। हमारे यहां ऐसा कुछ नहीं है। यहां तक कि ऐसा होने की उम्मीद भी नहीं कर सकते। यही कड़वा सत्य हैं।

आंकड़ों में कुछ तो सच्चाई होती है

भारत की बदहाली के ये आंकड़े शाहिद को बहुत चुभते थे-हम चाहे सुशासन के कितने भी दावे क्यों न करते रहें। लोकतांत्रिक व्यवस्थाओं पर जितना मर्जी घमंड कर लें। पर सच्चाई को दबा नहीं सकते। आंकड़े झूठ नहीं बोलते। एशिया में हमारे देश को भ्रष्टाचारियों की सूची में चौथा स्थान दिया गया है। हांगकांग स्थित प्रमुख बिजनेस कंसल्टेंसी फर्म पीईआरसी के सर्वे में भारत को एशिया-प्रशांत क्षेत्र में १६ देशों की सूची में चौथा सबसे भ्रष्ट देश बताया गया है। पालिटिकल एंड इकोनोमिक्स रिस्क कंसल्टेंसी लिमिटेड ने भारत को ० से १० स्केल पर ८.६७ पर रखा है। इस हिसाब से फिलिपींस (८.९), इंडोनेशिया (९.२५) और कंबोडिया (९.२७) के बाद हमारा नाम चमक रहा है। केंद्र सरकार के अनुसार ३५ रुपए रोज कमाने वाला व्यक्ति अमीर है। ३५ रुपए में क्या होता है? हम गरीबों का आंकड़ा कम बताकर गरीबी को दबा नहीं सकते। हमारी ऐसी कार्यप्रणाली से गरीबों की संख्या और बढ़ेगी। जरूरत इस बात की है कि शर्म से बचने के बजाय हम गरीबों के सही आंकड़े का पता लगाएं और उनके दुख-दर्द दूर कर जरूरतें पूरी करने के लिए एक बड़ी योजना बनाएं। अन्यथा किसानों, मजदूरों और बेरोजगारों द्वारा की जा रही आत्महत्याएं

नहीं रुकेंगी। सोलन के बद्दी का ही उदाहरण ले लीजिए। वहां दूसरे प्रदेश की युवती ने खुदकुशी कर ली। वह अति गरीब थी। झोंपड़ी में रहती थी। फैक्टरी में काम करती थी। जाहिर सी बात है कि उसने अपने अच्छे भविष्य के लिए प्रयास किए होंगे। पर हमारी गलत नीतियों के कारण वह सफल नहीं हो पाई और उसे निराश होकर जान देनी पड़ी। यह एक युवती की मौत का मामला नहीं है। हमारी नीतियों की बड़ी विफलता है।

हमारे नेता अपने लिए कुछ भी कर सकते हैं। वर्ल्ड कप में भारत-पाकिस्तान का क्रिकेट सेमीफाइनल देखने के लिए निर्धारित सरकारी कार्यक्रम तक बदल दिए गए। राज्यपाल ने शिमला में विधायकों को बुधवार को डिन्नर देना था। पर क्रिकेट मैच की दीवानगी के चलते डिन्नर एक दिन पहले यानी मंगल को ही दे दिया गया। काश ! हमारे जनप्रतिनिधि जनता की पीड़ा को समझते। उनके लिए योजनाएं बनाने में भी इतनी ही गंभीरता और जल्दबादी दिखाते। सेंटर फार मीडिया स्टडीज का सर्वे ही लें। इसमें निष्कर्ष निकला है कि भारत के गांवों में गरीबों को सार्वजनिक वितरण प्रणाली से जुड़ी सेवाओं के लिए साल २०१० में डेढ़ अरब की रिश्वत देनी पड़ी। राशनकार्ड बनाने से लेकर कार्ड में नए नाम दर्ज करने तक के लिए पांच से ८०० रुपए तक की रिश्वत दी गई। सर्वे के मुताबिक १२ राज्यों के नौ करोड़ ४० लाख ६० हजार परिवारों को एक अरब

५६ करोड़ की रिश्वत देनी पड़ी। पीडीएस सेवाओं के लिए सबसे अधिक ६० प्रतिशत लोगों ने छत्तीसगढ़ में रिश्वत दी। बिहार और पश्चिम बंगाल में ४३-४३, महाराष्ट्र में २५.२, राजस्थान में २३.३, उत्तरप्रदेश में १८.८ और हिमाचल प्रदेश में १७.६ प्रतिशत लोगों ने इन सेवाओं के लिए रिश्वत दी। सबसे अधिक ३७ प्रतिशत लोगों को नया राशनकार्ड बनवाने और २८ प्रतिशत को राशनकार्ड लेने के लिए रिश्वत देनी पड़ी। यह सर्वेक्षण १२ राज्यों के २००० गांवों में किया गया था।

देश की स्वास्थ्य सेवाओं का हाल देखिए। भारत में एक लाख लोगों पर अस्पतालों में ९० पलंग हैं, अन्य देशों में कम से कम २७० पलंगों की व्यवस्था है। अपने देश में एक लाख लोगों के लिए ६० डाक्टर और १३० नर्सें हैं, दूसरे देशों में १४० डाक्टर और २८० नर्सें सेवाएं देती हैं। हमारे देश में स्वास्थ्य सेवाएं इतनी बदतर हैं कि ८० प्रतिशत पीड़ित निजी अस्पतालों में अपना इलाज करवाने को मजबूर हैं। इसकी मुख्य वजह सरकारी डाक्टरों द्वारा किया जाने वाला दुर्व्यवहार तथा इलाज में देरी है। अधिकतर पहुंच वाले या अति गरीब लोग ही सरकारी अस्पतालों में जाना पसंद करते हैं। देहरादून में हुआ दर्दनाक हादसा भला कौन भुला सकता है? एक ही परिवार के दस सदस्यों ने आत्महत्या के लिए नहर में छलांग लगा दी। इनमें से एक वृद्ध महिला बेहोशी की हालत में

मिली, बाकी सभी की मौत हो गई। इस हादसे के पीछे यह कारण बताया गया कि इस परिवार की एकमात्र कमाने वाली सदस्य की मौत हो गई थी और परिवार पूरी तरह से असहाय हो गया था। यह हादसा हमारी बहुत बड़ी प्रशासनिक नाकामी है। हम ऐसे परिवारों के लिए कोई नीति ही नहीं बना पाए। न जाने आए दिन ऐसे हादसे कितने हादसे होते हैं। खबर बनती है और हम भूल जाते हैं। ऐसे पीड़ितों के लिए कोई सरकार नहीं है। न सांसद, न विधायक और न ही ऐसा प्रशासनिक अफसर जो उनका दुख-दर्द सुन उनके जीने के लिए कारण तैयार कर पाया।

आगे देखो। अनाज रखने की जगह नहीं है। किसानों को खरीददार नहीं मिलते और भूख से मौतें हो रही हैं। इस गंभीर मामले में सुप्रीम कोर्ट तक को हस्तक्षेप करना पड़ा। देश की सर्वोच्च अदालत को यह आदेश देना पड़ा कि देश में भूख से कोई मौत नहीं होनी चाहिए। शीर्ष अदालत ने केंद्र सरकार को अतिरिक्त ५० लाख टन अनाज देश के सबसे गरीब १५० जिलों के लिए जारी करने का निर्देश दिया।

स्वतंत्रता के ६४ साल बाद भी देश का हर दूसरा बच्चा भूखा सोता है। ग्रामीण विकास मंत्री के अनुसार उनका मंत्रालय १००० करोड़ रुपए से ज्यादा हर वर्ष खर्चता है समाज कल्याण पर। बच्चों के कुपोषण पर अहम हिस्सा निवेश किया जाता है। फिर भी भारत

में ४५ फीसदी बच्चे कुपोषित माने जाते हैं। महाराष्ट्र जैसे समृद्ध राज्य का हाल देखिए। महाराष्ट्र सरकार के मुताबिक आठ माह में १८४८६ बच्चों की मौत भूख से हुई। मरने वाले सारे बच्चे छह साल से कम आयु के थे। इसमें पिछले साल की तुलना में ५० फीसदी की वृद्धि हुई है।

हमारा नाम का सबसे बड़ा लोकतंत्र कई तरह से कमजोर होता जा रहा है। चुनाव प्रणाली को ही लें। अधिकतर लोग मानते हैं कि यह दोषपूर्ण है। क्योंकि २५ प्रतिशत मत पाकर भी ज्यादातर प्रत्याशी चुनाव जीत जाते हैं। जीत के लिए ५० प्रतिशत मत प्राप्त करना जरूरी किया जा सकता है। पांच साल के बीच में किसी भी प्रत्याशी को वापस बुलाने की व्यवस्था भी होनी चाहिए। इस तरह की व्यवस्था अमेरिका और कनाडा सहित विश्व के करीब आधा दर्जन देशों में है। हमारे लोकतंत्र की सबसे बड़ी कमजोरी यह है कि अधिकतर मंत्रियों को अपने विभागों के बारे में अधिक जानकारी नहीं होती। किसी भी प्रकार की नौकरी के लिए ट्रेनिंग दी जाती है, पर मंत्रियों के लिए ऐसा कुछ नहीं है। ज्ञान के अभाव में वे मंत्रालय के काम में कम ही रुचि लेते हैं। अधिकतर का मतलब लाल बत्ती और पैसे से होता है। जब भी कोई बड़ा फैसला लेने की बात आती है तो मंत्री अपनी अयोग्यता छिपाने के लिए अधिकारियों को उल्टे-सीधे निर्देश देकर अपने को श्रेष्ठ बताने का प्रयास करते हैं। अफसर

भी हकीकत जानते हैं, पर प्रोटोकल के चलते वे अधिक मुंह नहीं खोल सकते। केंद्र सरकार से लेकर राज्यों के मंत्रियों का यही हाल है।

अमेरिकी सीनेट के सदस्य भारतीय सांसदों की तुलना में अधिक पढ़े-लिखे होते हैं। फिर भी वहां मंत्री पद सीनेट सदस्यों की बजाय प्रशिक्षित विशेषज्ञों को दिया जाता है। अमेरिकी राष्ट्रपति को ऐसे विशेषज्ञों को मंत्री बनाने की खुली छूट होती है। हमारे देश में ८० प्रतिशत से अधिक आबादी २० रुपए प्रतिदिन की आय पर गुजारा कर रही है। ये तथ्य हैं। इन्हें झुठला नहीं सकते, पर अच्छी योजनाएं बनाकर इनको बदला जरूर जा सकता है।

इनका दर्द किसने जाना

शाहिद प्रशासनिक अव्यवस्थाओं से बहुत व्यथित रहता था। वह कई बार देखता और सुनता कि किस तरह से अधिकतर अफसर और कर्मचारी उनके कार्यालयों में गए पीड़ित लोगों से दुर्व्यवहार करते हैं। उनकी व्यथा सुनना तो दूर उनसे बात भी ढंग से नहीं की जाती। आज से नहीं दशकों से ऐसा हो रहा है। ऐसा भी मान सकते हैं कि जब से देश आजाद हुआ था, उसी समय से यह सब चल रहा है। हम कल्पना कर सकते हैं कि कितना तिरस्कार सहा होगा ऐसे लोगों ने, उनके पूर्वजों ने और उनके भी पुरखों ने। हमारे प्रशासन में यह निकम्मापन एक तरह से रच बस गया है। तभी तो हमारी अफसरशाही को एशिया में सबसे निकम्मा आंका गया। अफसर ही क्यों? चुने हुए नेताओं का हाल देखिए। चुनाव के समय ऊपर से नीचे तक सफेद दिखने वाले ये नेता जीतते ही काले चश्मे में नजर आते हैं। एक बार विधायक या मंत्री बन जाएं। फिर देखो। जो भी याची उनके पास जाता है। पहले तो उसका बायोडाटा देखा जाता है। किस पार्टी का है? किस जाति का है? किस क्षेत्र से है? वगैरा... वगैरा...। यह सब पता लगाने में समय बर्बाद किया जाता है और पीड़ित पक्ष दबता ही जाता है। आखिर कोई कब तक दबे? कितनी पीढियां रोते-रोते जीएं? कितनी बार खुदकुशी करें? किस-किस

तरह से मरें? यही कारण है कि पिछड़े क्षेत्र पिछड़ते ही गए। जो हम कर सकते थे, वह भी नहीं कर पाए।

भिखारियों को ही ले लीजिए। हम कहीं भी चले जाएं। रोज दो-चार मांगने वाले तो मिल ही जाते हैं। इनमें से आधे अंगहीन होते हैं। मतलब वे शारीरिक श्रम नहीं कर पाते। एक कहावत कहें या नियम बोलिए कि भीख नहीं देनी चाहिए। जो हृष्ट-पुष्ट है उसके लिए तो यह बात मानी जा सकती है। पर जो अक्षम है, वह कहां जाए? सरकार के पास उनके लिए कोई नीति नहीं हैं। परिवार वाले भी कई बार इस स्थिति में नहीं होते कि उनका लालन-पालन चला सकें। ऐसे में कोई भीख मांगता है तो इसमें बुराई क्या है? हम अपने घर-परिवार पर ५-७ हजार बाजार में खर्च कर आते हैं। यदि इसमें से १०-२० रुपए किसी असहाय व्यक्ति को दे दें तो इसका विरोध नहीं होना चाहिए। शाहिद को इस बात का बड़ा दुख होता जब वह देखता कि कितनी निर्दयता से लखपति-करोड़पति भिखारियों को दुत्कारते हैं। शाम को १०००-१२०० को शराब पी लेनी। किसी को दान नहीं करना। गर्लफ्रेंड नाम के प्राणी पर हजारों लुटा देने, किसी पीड़ित के लिए उम्मीद नहीं बनना। महिला मित्र की चापलूसी मारते-मारते लंबे हो जाना, पर किसी जरूरतमंद के लिए एक भी मीठा शब्द मुंह से नहीं निकलना।

आखिर इस दो तरह के भारत में कोई कब तक मरता। एक

गरीबों का भारत, दूसरा अमीरों का। एक न एक दिन तो यह होना ही था। कई राज्यों में आज हथियारबंद संगठन खड़े हो रहे हैं। यह भारत की ही बात नहीं है। विश्व के कई देशों में ऐसा है। सत्ता में बैठे लोग इन हथियारबंदों से ज्यादा ईमानदार या देशभक्त नहीं हो सकते। पर सहने की भी एक सीमा होती है। जब ऐसे लोगों को लगा कि उनकी आवाज सुनने वाला कोई नहीं है तो वे मजबूर हो गए छीनने पर। हम उनसे ताकत से नहीं लड़ सकते। जब तक ऐसे लोगों और उनके पिछड़े क्षेत्रों के लिए सरकार के मन में पीड़ा नहीं उठती, वे नहीं रुकेंगे। उनको भी देश का ही नागरिक मानना होगा। उनकी जायज मांगें स्वीकार करनी होंगी। खुद शाहिद को भी कई बार लगता कि वह इस अव्यवस्था के खिलाफ हथियार क्यों नहीं उठा सका? जिस तरह से नेता जी सुभाष चंद्र बोस और शहीद भगत सिंह जैसों ने अपनी ताकत से सत्ता को चुनौती दी थी, उसी तरह शाहिद भी कर सकता था। पर उसे लगता कि अंग्रेजों को तो भारत छोड़ो का नारा दिया गया था। आज अपने ही देश के लोग गद्दार हो गए हैं, उनकों कहां भेजेंगे। शाहिद ऐसा सोचते-सोचते पूरी तरह भटक जाता। उसकी समझ में कुछ नहीं आता। आखिर उसके मन में एक सवाल उठता, पता नहीं यह दुनिया बनाई ही क्यों है? किसी ने बनाई है या खुद ही तैयार हो गई है। अगर किसी भगवान नाम की शक्ति ने बनाई है तो वह खुद कहां सोया है? क्या

उसे इतनी अव्यवस्था नजर नहीं आ रही होगी। उसे भूखे-नंगे और लाचार लोगों को देखकर कहीं आनंद तो नहीं आ रहा होगा। शाहिद सोचता कि यदि इस दुनिया को बनाने वाला उसे मिल जाए तो वह उससे यह सवाल जरूर करेगा।

शाहिद ने इतना लिखा ही था कि मुर्गे ने बांग दे दी। घड़ी देखी तो साढ़े चार बजे का समय हो रहा था। वह अपने जीवन के कड़वे अनुभवों को सारी रात लिखता रहा। उसने एक बड़ा सुसाइड नोट लिख दिया था। पूरी रात वह सो नहीं पाया। उसके जीवन की यह अंतिम रात थी। वह कल की सुबह देखना नहीं चाहता था।

उसने साथ पड़ी नींद की दस गोलियां निकालीं और निगल लीं। थोड़ी देर बाद उसे असर होना शुरू हो गया था। इस बीच उसकी मां उठ गई थीं। मां हमेशा सुबह पांच बजे से पहले उठ जाती थीं। कुछ समय बाद मां चाय का कप लेकर उसके कमरे में आई और कहा कि तू हमेशा पढ़ाई-लिखाई मत करता रह कर, सो भी लिया कर। यह चाय पी ले और सो जा। मां के ये शब्द सुनकर शाहिद अंदर ही अंदर बहुत रो रहा था कि मां सारी दुनिया आपकी तरह होती तो आज मैं मरने को मजबूर न होता। मां मुझे माफ करना, मैं सदा के लिए जा रहा हूं। अगले जन्म में मैं धरती पर न आऊं। अगर आऊं तो आपके जैसी अच्छी मां पर हमेशा बोझ बनकर नहीं, उसका सहारा बनकर रहूं। वह अपनी भावनाओं को प्रवाह को रोक नहीं

पा रहा था। इस बीच उसकी मां ने कहा कि तेरी आंखें भी लाल हो गई हैं, लगता है नींद नहीं आई। चाय पीकर सो जाना। मां के कमरे से बाहर जाते ही शाहिद फूट-फूटकर रोया। उसने रोते-रोते चाय पी। बिजली बंद की और सदा के लिए सो गया।

शाहिद सवेरे सात-आठ बजे के बीच या इससे पहले ही सोकर उठ जाया करता था। उस दिन दस बजे तक वह नहीं जागा। उसके पिता ने कहा भी कि महाशय अभी तक सो रहे हैं। वैसे भी पिता का व्यवहार उसकी बेरोजगारी के चलते उसके प्रति ठीक नहीं रहता था। इसलिए उन्होंने ये शब्द गुस्से में कहे। इस बीच उसकी मां ने पिता को टोक दिया कि सवेरे तक पढ़ाई करता रहा है, सोने दो थोड़ी देर में उठ जाएगा। दोपहर करीब ११ बजे उसकी मां को संदेह हुआ कि इतनी देर तक वह कभी सोया नहीं, तो वह उसके कमरे में गई। उन्होंने शाहिद को आवाज लगाई तो कोई जवाब नहीं आया। यहां तक कि उसकी सांस भी नहीं चल रही थी। मां को अनहोनी का संदेह हुआ और वह जोर से चिल्ला उठीं। इस बीच घर के दूसरे सदस्य तथा आस-पड़ोस के लोग पहुंच गए। रजाई हटाकर देखा तो शाहिद की मौत हो चुकी थी। शाहिद की मौत की खबर एक से दूसरे, दूसरे से तीसरे, तीसरे से चौथे और इस तरह थोड़ी ही देर में कई गांवों में यह खबर फैल गई। सभ्य लोगों को यह विश्वास नहीं हो रहा था कि कभी इतना प्रतिभाशाली रहा नौजवान आज इस

दुनिया में नहीं था। उन्होंने तो उससे बड़ी उम्मीदें लगाई थीं। शाहिद के घर के बाहर आदमी यह भी चर्चा कर रहे थे किए सरकार ने ऐसे बेरोजगारों केलिए नीति बनाई होती तो शाहिद ऐसी मौत न मरता। कुछ लोग यह भी कह रहे थे कि ज्यादा पढ़ाई करते-करते इसके दिमाग में फर्क पड़ गया था। सड़-सड़कर जीने से तो अच्छा है चले जाना। बाकी तो कल को सब भूल जाएंगे, पर उसकी मां का जीना मुश्किल हो जाएगा। उसकी मां का रो-रोकर बुरा हाल था। वह रोते-रोते यह कह रही थीं कि नौकरी पर लग गया होता तो इसका ब्याह कर दिया होता। गांव की महिलाएं उसकी मां को बड़ी मुश्किल से संभाल पा रही थीं। हर किसी के मुख और मन में सरकारी नीतियों के प्रति गुस्सा था। यही वजह रही कि एक और नौजवान असमय यह दुनिया छोड़कर चला गया था।

लेखक का पता :
दविंद्र सिंह गुलेरिया, गांव लंघाणा, डाकखाना ततवानी
वाया रैत, जिला कांगड़ा, हिमाचल प्रदेश, पिन-१७६२०८
मोबाइल नंबर : ०९४१८०८००९९

www.ingramcontent.com/pod-product-compliance
Lightning Source LLC
Chambersburg PA
CBHW032030290526
45786CB00011B/1283
* 9 7 8 1 4 9 6 9 8 7 1 9 8 *